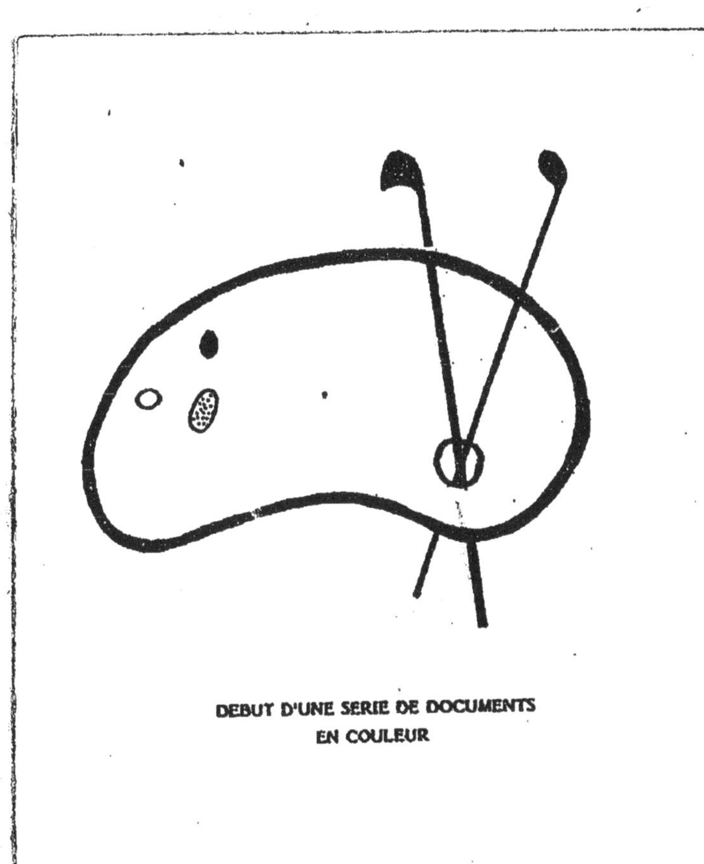

DEBUT D'UNE SERIE DE DOCUMENTS
EN COULEUR

SCIENCE ET RELIGION

Études pour le temps présent

J. ROUQUETTE

Les Victimes de Calvin

L'INQUISITION PROTESTANTE

BLOUD & Cie

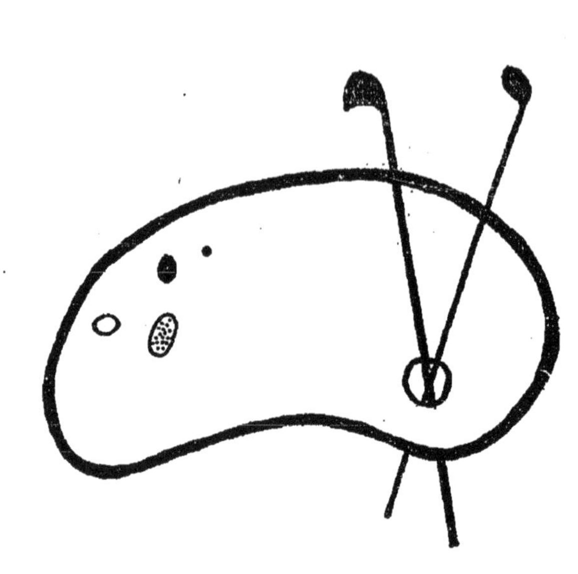

FIN D'UNE SERIE DE DOCUMENTS
EN COULEUR

SCIENCE ET RELIGION
Etudes pour le temps présent

L'INQUISITION PROTESTANTE

LES

VICTIMES DE CALVIN

PAR

l'Abbé J. ROUQUETTE

PARIS
LIBRAIRIE BLOUD & Cie
4, RUE MADAME, 4

DANS LA MÊME COLLECTION

278. ALLARD (Paul). — **Les Chrétiens ont-ils incendié Rome sous Néron ?** . . . . 1 vol.

279. — **Les Persécutions et la Critique** . . . . 1 vol.

283. BRUGERETTE (J.), professeur licencié d'histoire et de philosophie. — **Les Créations religieuses de la Révolution**. . . . . 1 vol.

167. DENAIS-DARNAY (J.), avocat à la Cour d'appel. — **Les Juifs en France avant et depuis la Révolution. Comment ils ont conquis l'Egalité**. . . 1 vol.

246. — *Un Etat dans l'Etat* : **Les Protestants français sous Henri IV** . . . . 1 vol.

58. HELLO (Henri). — **La Saint-Barthélemy** . . . 1 vol.

— **L'action maçonnique au dix-huitième siècle.** 2 volumes se vendant séparément.

324. I. — **Origines de la Révolution** . . . . . 1 vol.

325. II. — **La Maçonnerie et la Révolution française.** 1 vol.

172. KROGH-TONNING (K.). — **Le Protestantisme contemporain.** *Ruine constitutionnelle*. . . . . . 1 vol.

173. — **Le Protestantisme contemporain.** *Ruine doctrinale* . . . . 1 vol.

297. LODIEL (R. P.). — **Nos raisons de n'être pas protestants** . . . . 1 vol.

311. — **Nos raisons d'être catholiques** . . . . 1 vol.

334. MAILFAIT (H.), docteur ès lettres. — **La Constitution civile du Clergé et la Persécution religieuse pendant la Révolution** . . . . 1 vol.

368. — **La Déportation et l'Exil du Clergé pendant la Révolution**. . . . . 1 vol.

280. MARICOURT (André de).— **Du Protestantisme au Catholicisme**. *Psychologie d'une conversion au XVIIIe siècle.* Mme Chardon . . . . 1 vol.

PRÉFACE

Il y a un peu plus de trois ans, je publiai sous ce titre : *Inquisition protestante*, quelques-uns de ces récits dans le journal : *La Délivrance*.

Depuis cette époque, je les ai revus avec soin, utilisant les derniers travaux sur Calvin.

Ce n'est pas dans un but proprement scientifique que j'ai écrit ces pages. J'ai voulu montrer par les faits que Calvin n'apporta pas au monde la liberté de pensée, et que, sous ce rapport, son œuvre n'est pas une œuvre de progrès. En substituant l'autorité individuelle à l'autorité de l'Eglise, n'ayant plus aucun frein pour le dominer, il devait tomber nécessairement dans le despotisme et le mépris de la liberté humaine, et arriver ainsi à une inquisition qu'aucun peuple n'avait connue avant lui.

Le supplice de Michel Servet a fait oublier les autres victimes de Calvin. Gruet et les patriotes nous paraissent pourtant aussi intéressants que le médecin espagnol. La législation de l'époque que nous pouvons trouver sévère condamnait Servet au bûcher. Quelle loi peut-on invoquer pour légitimer la mort de Gruet et de Daniel Berthelier ?

Le protestantisme a cru se réhabiliter en faisant élever un monument expiatoire à la mémoire de Servet. Il s'est suicidé. Calvin était avant tout un réformateur religieux. Ses disciples ont été obligés d'avouer que son œuvre n'était pas parfaite. Cette concession nécessaire au progrès des idées modernes est la meilleure preuve contre la Réforme du XVIe siècle. Quand la Vérité et la Justice condamnent un homme, jamais Elles ne le réhabilitent, et ne sentent pas le besoin de se faire pardonner. Pour porter le dernier coup à la mémoire et à l'œuvre de Calvin, il ne manquait plus que ce monument expiatoire.

Et je me demande pourquoi les disciples de Calvin ne continueraient pas dans cette voie, et n'associeraient pas à Servet, Gruet et les patriotes.

LES VICTIMES DE CALVIN

CHAPITRE PREMIER

CARACTÈRE ET LÉGISLATION DE CALVIN

Avant de faire le récit succinct des méfaits commis par Calvin, le lecteur me permettra de lui faire connaître l'homme que son dernier historien nous dit être le modèle des pasteurs.

Le personnage n'est pas intéressant. « Il fallait du sang à cette âme de boue », a dit de lui le protestant Galiffe, et malgré tous les efforts que pourront faire pour le réhabiliter les écrivains calvinistes, le jugement de Galiffe restera le jugement de l'histoire.

Le 10 juillet 1509, naissait à Noyon, Jean Cauvin. Il était le second fils de Gérard Cauvin et de Jeanne Lefranc.

Le père de Calvin n'était pas riche. Sa place de procureur fiscal lui rapportait 700 livres par an, et il fallait nourrir une femme et six enfants. La famille Mommor vint à son secours : Jean apprit les premiers rudiments avec les fils de cette famille.

A douze ans, grâce à la générosité de ses bienfaiteurs, Jean put acheter la prébende de Notre-Dame de la Gésine.

Le précepteur des Mommor n'ayant bientôt plus rien à apprendre à ses élèves, ceux-ci partirent pour Paris.

Jean les y suivit et descendit chez son oncle Richard, serrurier.

C'était l'époque où Luther dogmatisait en Allemagne ; où sa renommée était parvenue jusqu'à Paris, où ses doctrines avaient semé déjà bien des doutes dans les esprits et avaient même pénétré jusqu'au sein de la Sorbonne.

A quatorze ans, Calvin a déjà lu quelques ouvrages de Luther. Le doute entre dans son âme. Peu lui importe. Il faut vivre. Il achète une cure : il n'ira pas plus loin dans la hiérarchie ecclésiastique.

Nous sommes en 1529. Gérard Cauvin a d'autres vues sur son fils. Il ne le destine plus aux fonctions ecclésiastiques. Il rêve d'un plus grand avenir et de places plus lucratives. Le voici à Orléans, puis à Bourges : il suit les cours de la faculté de droit. Son pain de chaque jour est assuré : il a une prébende et une cure.

Ce que fut Calvin à Paris, à Orléans et à Bourges, ce que furent ses évolutions religieuses, tout cela n'entre pas dans le plan de mon sujet.

De nos jours on a voulu réhabiliter la mémoire de celui que ses camarades appelèrent l'accusateur et que nous appellerions : mouchard. On n'a voulu voir en lui qu'un censeur sévère, que l'austérité de ses vertus rendait difficile à supporter ; on a voulu même nous le faire voir entouré de nombreux amis ; en un mot, on a traité de légende tout ce que les anciens nous avaient transmis sur le caractère du réformateur français.

La suite de cette étude fera voir la douceur et l'amabilité de Calvin, de ce réformateur rigide, à l'œil sévère et sec qui n'a jamais pleuré. Les souffrances des hommes l'ont laissé insensible. Ses lèvres sont serrées : jamais un sourire n'est venu s'y perdre. Cette face glaciale n'a jamais reflété l'âme sainte d'un Jérôme ou d'un curé d'Ars.

Ses admirateurs voudraient en faire un François de Sales. Il faudrait au moins que les essais de réhabilitation fussent possibles. Il y a des crimes qui empêchent un homme d'être réhabilité. Qu'ils cherchent bien dans tous les actes de sa vie, jamais ses fervents ne trouveront dans ses vertus morales cette fleur de l'âme qui s'appelle la bonté, et qui, dans la religion, devient la piété, et engendre le dévouement.

Froid et géométrique, profond calculateur, législateur rigide, homme tout d'intelligence, voilà Calvin. On ne peut lui contester ces qualités ; mais les qualités du cœur ? Non : il n'eut ni douceur ni pitié. Il n'a jamais compati aux défaillances de l'humanité. Homme de la lettre et de la loi, il ne connaît qu'une voie : celle de la justice à angles droits ; mais sa justice n'est pas la justice de l'Evangile tempérée et adoucie par la pitié. Son ancêtre existe : c'est le pharisien de l'Evangile.

Cette froideur glaciale se reflète jusque dans son style qui manque de grâce et de fraîcheur. Ecrivant sur les bords du lac de Genève, son âme n'a pas eu le temps d'examiner la beauté de la nature. On pourra nous citer de lui quelques vers ; mais qu'on nous cite un passage rempli de ces élancements qui viennent d'eux-mêmes sous la plume de l'écrivain en face des plus grands spectacles de la nature.

Passons sur son séjour à Ferrare et à Strasbourg ; montrons-le à l'œuvre à Genève.

Dans son volume sur la Réforme, Michelet dépense toute la sensibilité de son cœur à pleurer sur les martyrs de la cause protestante. Ils sont très intéressants, je n'en doute pas, mais je voudrais qu'il ne prodiguât pas ce mot de martyrs, et qu'il le réservât pour une plus noble cause.

Michelet n'a rien compris à la Réforme, et, pour écrire l'histoire, le style et la haine de l'Eglise ne suffisent pas.

La Réforme pour Michelet se résume dans ces deux faits : l'école et la musique.

« L'école, c'est le premier mot de la Réforme, le plus grand. Elle écrit en tête de sa révolution ce devoir essentiel de l'autorité publique : enseignement universel, écoles de garçons et de filles, écoles libres et gratuites où tous s'assoiront, riches et pauvres...

Et plus loin : « la lecture, l'écriture, l'instruction religieuse, un peu d'histoire, beaucoup de chant. C'est pour la première fois que l'enseignement universel de la musique est institué ».

L'Eglise n'avait pas attendu Luther et Calvin pour fonder des écoles, et, loin de favoriser la culture des lettres, le protestantisme dispersa les bibliothèques, brûla les manuscrits et les archives qui nous seraient si utiles pour reconstituer notre histoire.

Pour chanter il faut avoir le cœur content, et, partout où il s'est implanté, le protestantisme a jeté sur le peuple des jets continus de morne et glaciale tristesse.

La doctrine du libre examen devait être pour l'Europe une source féconde de bonheur et de félicité. Les intelligences devaient s'émanciper ; les peuples, délivrés de la Rome des Papes, devaient s'embrasser ; d'eux-mêmes, faute de victimes, les bûchers allaient s'éteindre, les prisons s'ouvrir, l'humanité commencer enfin, après quinze siècles d'esclavage, à vivre une ère nouvelle sous l'œil bienveillant de ses nouveaux réformateurs.

Or, à Genève, Calvin se transforme en pacha turc. Les lois qu'il va imposer à la République sont écrites avec du sang et avec du feu. Il va faire regretter aux autochtones les jours où ils vivaient sous la houlette de leur évêque.

Calvin s'est déclaré infaillible ; il prêche un nouveau Dieu : de la loi d'amour nous remontons à la loi de crainte, du Calvaire au Sinaï.

Oui, la Réforme nous ramène vers l'Orient, puisque

Michelet le veut. Mais est-ce le progrès ? L'Orient, c'est le despotisme et le fanatisme : c'est aussi l'ignorance. Quand Jésus mourut sur le Golgotha, victime de son amour pour les hommes à qui il avait apporté la liberté dans la vérité, il mourut les yeux tournés vers l'Occident. C'est ce grand drame sauveur que Calvin oublie. Son Jésus, qui n'est pas notre Dieu, tourne le dos à l'Occident, à l'Eglise libératrice, et regarde l'Orient, c'est-à-dire le Juif et la Bible.

Aussi le Code de Calvin ressemble à celui du Sinaï : il n'y aura plus l'esprit qui vivifie : il n'y aura que la lettre qui tue.

Peine de mort pour l'idolâtre ;
Peine de mort pour le blasphémateur ;
Peine de mort pour l'adultère ;
Peine de mort pour le sorcier ;
Peine de mort pour l'hérétique ;
Peine de mort pour le fils qui frappe son père ;
Peine de mort pour le crime de lèse-majesté divine ;
Peine de mort pour le crime de lèse-majesté humaine.

Ces lois sont d'une merveilleuse élasticité. Quelqu'un déplaît-il à Calvin ? Au service de ce dernier existe toute une bande d'espions et de délateurs, et le réformateur aura bien vite rangé son ennemi dans une de ces catégories.

Idolâtre ? Blasphémateur ? Hérétique ? Mais tout le monde à Genève vit sous la menace d'une pareille accusation. A-t-on une statue, une croix, une image ? On est idolâtre. Quelqu'un prononce-t-il un mot un peu grossier ? Il est blasphémateur. Hérétique ? C'est la plus redoutable de toutes les accusations. Calvin ne juge pas seulement l'acte ; il juge le péché de pensée, comme s'il était Dieu. Gruet l'apprendra à ses dépens, Bolsec, Servet, Gentilis et autres sauront bientôt qu'à Genève la liberté de pensée est interdite, et mène tout droit au bûcher ou à l'exil.

Que n'a-t-on pas dit sur les sorciers et sur la sévérité avec laquelle l'Eglise les traita pendant le Moyen Age ? Michelet aurait pu nous dire pourtant que Calvin ne fut pas doux envers eux.

Lorsque Genève était catholique, le sorcier était banni du territoire. En 60 ans, sous la législation de Calvin, cent cinquante sorciers montèrent sur le bûcher.

Un exemple. Philippe Leneveu était un mari heureux. Il possédait une petite image qui lui disait tout ce que faisait sa femme. Philippe et l'image furent trop bavards : le premier fut pendu, la seconde jetée dans le Rhône.

Calvin ne se contente pas de réglementer la pensée, il réglemente la mode. Malheur aux femmes coquettes ! Contrairement à l'adage de Rome, à Genève, *de minimis curat prætor*.

Il apprend aux femmes comment on natte une tresse et comment on s'habille.

« Une épouse étant sortie dimanche dernier, avec les cheveux plus abattus qu'il ne se doit faire, ce qui est d'un mauvais exemple, et contraire à ce qu'on évangélise, on fait mettre en prison la maîtresse, les femmes qui l'ont menée et celle qui l'a coiffée.

Voici un règlement de police qui n'a pas besoin de commentaires.

« Les folles filles qui se sont mal portées en leur corps, ne doivent point venir se marier à l'église avec des chapeaux de fleurs, comme si elles étaient portées en honneur. »

Après avoir réglé le nombre de nattes et la mode des chapeaux, Calvin s'occupe des souliers : la jeune mariée est priée de ne pas porter des souliers à la mode de Berne.

Au tour des hommes, Calvin se fait tailleur.

« Défense aux hommes de danser avec des femmes et de porter des chausses chaplées, soit culottes découpées. »

Il fera le menu des repas, et indiquera où commence et finit la sobriété.

Trois ouvriers tanneurs furent « mis trois jours au pain et à l'eau pour avoir mangé à déjeûner trois douzaines de pâtés, ce qui est une grande dissolution ».

Plus de jeux, plus de ces gais festins dans les tavernes, où les patriotes de Genève, devenus chevaliers de l'artichaut, riaient de Farel et de Calvin. Partout, dans chaque maison, l'inquisiteur du tribunal des mœurs entre pour y exercer sa surveillance. On a aboli la confession, la messe est supprimée mais la confession est remplacée par la délation, la messe par le prêche avec cette différence que toute liberté a sombré.

Ce n'est pas seulement à Genève que la Réforme prend ce ton inquisitorial. Partout où elle pénètre, par le moyen du consistoire, elle tyrannise les consciences, proscrit tout divertissement même légitime, et mène de force, souvent à coups de bâtons, les hommes ouïr le prêche.

Il y a deux ans, j'eus entre les mains les actes du consistoire de Ganges, petite ville des Cévennes, à partir de 1584. La Réforme m'y apparut toute nue, inquisitoriale surtout, et capable de rendre des points à n'importe quel Torquemada. C'était la confession publique d'une ville, semaine par semaine, que je pouvais y lire.

Tout le monde y passe, depuis le seigneur jusqu'au plus humble roturier ; tous portent sur leur tête comme une épée de Damoclès la menace d'être dénoncés pour une peccadille ou pour un acte infâme, et de recevoir la visite de l'avertisseur les invitant à se présenter devant le consistoire pour être blâmés et censurés.

Quelques faits. C'était le 6 avril 1597, veille de la Cène de Pâques. Le pasteur dit au consistoire que « hier il fut averti que sire Pierre Fabre, conduisait une p.... et la portait en croupe sur une mule ». Le coupable nia, mais convaincu par Guillaume Ferrier qui avait aidé « à la lui mettre en croupe, ne sachant quelle femme c'était », il est privé de la Cène pour sa paillardise.

Le même jour, un nommé Pierre Boudon, accusé de paillardise, refusa de faire réparation publique, disant qu'il aimait mieux changer de religion.

A Ganges comme à Genève, tous les jeux et tous les divertissements sont bannis. Calvin fait mettre au carcan le joueur. Le jour de l'Epiphanie des jeunes gens tirent les Rois : la Cène leur est interdite.

Qu'on jette les yeux au hasard sur les actes inédits du consistoire de Ganges : je doute qu'on parcoure un folio sans trouver quelqu'un censuré pour avoir joué aux cartes ou aux quilles.

Un fait. Le 24 novembre 1594, David Mourgues est censuré « de faire tous les jours que jouer aux cartes, ayant joué les bagues et joyaux de sa femme, et faisant tous les jours le prodigue, ne faisant que prodiguer son bien, et même aussi qu'on l'accuse qu'il entretient une p.... » Il promet de s'amender.

Michelet dit que l'enseignement de la musique date de la Réforme.

Calvin fera mourir le poète Gruet; une femme sera bannie pour avoir chanté des chansons profanes sur l'air des psaumes. La danse sera impitoyablement proscrite. Trois jours de prison pour quiconque aura chanté ou dansé dans une noce. De quelle musique parle donc Michelet ?

A Ganges, d'après ces documents inédits, les danses et la musique sont prohibées, mais le village de Laroque est resté catholique : il est à peine à une demi-lieue. C'est là que la jeunesse protestante va danser et chanter en buvant un peu de ce bon vin pétillant comme du champagne. Un jour le roi du papegay y conduit tout son cortège. Irritations, admonestations, blâmes et censures du consistoire.

Le seigneur, dont le consistoire invoque sans cesse l'autorité, comme Calvin à Genève celle du Conseil, donne l'exemple de la licence. Avec sa sœur et ses filles il y conduit la jeunesse et y organise une partie de danse. Le baron est censuré, et, après avoir scandalisé son peuple, l'édifie par sa pénitence.

Pour fuir l'œil inquisitorial du consistoire, la jeunesse de Ganges va jusque dans les villages les plus retirés des Cévennes. Peine inutile : rien n'échappe à l'avertisseur ou aux anciens, et à Ganges comme à Genève le péché ne peut être commis en secret.

On a dit encore que la Réforme avait apporté la liberté de pensée.

A Genève, trois enfants vont manger des gâteaux au lieu d'aller ouïr M. Calvin : ils sont fouettés publiquement.

Claude du Rocher et son fils préfèrent le cabaret au prêche, ils doivent faire amende honorable le jour de la Pentecôte.

Dans nos Cévennes, à Gaillac, à Béziers, c'est à coups de bâton que les fidèles sont conduits au prêche.

Cette façon d'agir ne peut surprendre que ceux qui ne connaissent pas la Réforme et les motifs inavouables qui la firent naître et lui assurèrent des adeptes. Elle recruta des fidèles en favorisant les bas instincts de l'homme.

Deux lettres de Calvin au marquis de Poët nous font connaître ce que Calvin pensait de son œuvre. Il est bon, croyons-nous, que toutes deux soient connues dans leur entier. Elles méritent cette publicité.

« Monseigneur, que pourrait à l'encontre de vous résister ? l'Eternel vous protège, les peuples vous aiment, les grands vous craignent et les régions les plus éloignées ressatendent de vos prouesses. Le ciel vous a suscité pour rétablir dans nos contrées son église. Il ne reste à vous qu'à recueillir la couronne de gloire que vous désirez. Au reste, Monseigneur, avez auparavant su les progrès de la religion en nos pays ; l'Evangile est prêché en nos vallées comme en nos villes. Peuples accourent de toutes parts pour recevoir le joug ; dans les missions ont été grands fruits, et gagnement de maintes richesses ; les apôtres n'ont onc travaillé avec tant de fruits, et si les papistes disputent la vérité de notre religion, si elle dure, ne pourront en disputer les richesses. Vous seul travaillez sans relâche et sans intérêt. Ne négligez nullement l'agrandissement de vos moyens ; viendra un temps où vous seul n'aurez rien acquis en ce nouveau changement. Si faut que chacun songe à son intérêt, moi seul ai négligé le mien dont ai grande repentance ; ainsi ceux à qui ai occasionné d'en acquérir prendront soin de la mienne vieillesse qui est sans suite. Vous au contraire, Monseigneur, qui laissez vaillante lignée bien disposée à soutenir le petit troupeau, ne la laissez sans moyens grands et puissants, sans lesquels bonne volonté serait inutile. La Reine de Navarre a bien affermi notre religion en Béarn ; papistes en ont été chassés entièrement. En Languedoc ont été tenues maintes assemblées sur notre croyance. Avec le temps partout seront accrus les louanges de l'Eternel. Je prie le Créateur de vous conserver pour son service, et à moi fournir occasion à vous marquer combien j'affectionne la qualité de votre très humble et affectionné serviteur.

« J. CALVIN. »

A Genève, le huitième mai 1557.

La deuxième lettre est plus connue, au moins en partie.

« Monseigneur. Qu'avez jugé du colloque de Passy ? N'avons conduit finement notre affaire ? L'évêque de Valence aussi bien que les autres ont signé notre profession de foi. Que le roi fasse des processions tant qu'il voudra ; il ne pourra empêcher les progrès de notre foi. Les harangues en public ne feront autre fruit qu'à émouvoir peuples déjà trop portés à soulèvement. Les braves seigneurs de Montbrun et de Beaumont quittent leurs opinions. Vous n'épargnez ni courses ni soins : travaillez, vous et les vôtres trouveront tout un jour : honneurs, gloire et richesse seront la récompense de tant de peines. Surtout ne faites faute de défaire le pays de ces zélés faquins qui exhortent les peuples par leurs discours à se bander contre nous, noircissent notre conduite, veulent passer notre croyance pour rêverie. Pareils monstres doivent être étouffés comme fis ici à l'exécution de Michel Servet, espagnol. A l'avenir, ne pensez pas que personne s'avise de faire chose semblable. Au reste, Monseigneur, j'oubliai le sujet pour lequel m'honorez de vous écrire qui est de vous baiser bien humblement les mains, vous suppliant d'avoir agréable la qualité que prendrai toute ma vie, de Monseigneur, votre très humble et affectionné serviteur.

« J. CALVIN. »

A Genève, le 14 septembre 1561.

La cause de la Réforme est avouée ici avec un cynisme déconcertant. Jusqu'ici j'avais cru qu'une religion avait pour but de nous conduire au ciel. Jésus avait annoncé aux apôtres bien des persécutions et prêché le détachement. Calvin promet les richesses et les honneurs.

Sept ans avant sa mort, alors qu'une horde de maladies avaient fondu sur lui, il ne regrette pas tout le sang qu'il a versé, les larmes des mères et des épouses qu'il a fait répandre, il regrette de ne s'être pas enrichi.

Et pourtant Genève ne lui refuse rien. Le Conseil lui

a fait cadeau d'une maison bien meublée : il touche de jolis gages chaque année, sans compter les nombreux cadeaux que la République lui fait de temps à autre.

Les réfugiés français, eux aussi, aiment à bien le traiter, « de sorte, dit Bolsec, que gibier et bons morceaux commencèrent à enchérir ».

Galiffe arrive à son tour, et nous apprend que « Calvin était largement payé, qu'on ne cessait de lui faire des présents et de gratifier son frère de tout ce que la seigneurie pouvait avoir à réclamer de lui pour lods et autres choses, de sorte qu'ils en tiraient annuellement plus que ne consommaient alors plusieurs ménages réunis ».

Maintenant, voyons-le à l'œuvre. La terreur plane sur Genève, les délateurs épient toutes les démarches, recueillent toutes les paroles. Colladon attend les victimes pour les torturer.

Calvin peut tout se permettre. La liberté de parler et d'agir n'a pour lui aucune limite. Les libéraux ou modérés de l'époque — les libertins pour employer un mot cher à Calvin — ne sont que des pendards ou des chiens ; leurs femmes et leurs filles des personnes de mauvaise vie; mais le Réformateur est aussi haut placé que Moïse. Ne le contredites pas : la prison, l'exil ou la mort vous attendent.

Genève et toutes les parties de la France qui ont écouté sa voix ont vécu les beaux jours de franche et folle gaieté. Suivant le mot très juste de Voltaire :

> Des prédicants la morne et dure espèce
> Sur tous les fronts a gravé la tristesse.

Calvin va paraître tel qu'il fut : antilibéral, antiartistique, antihumain et antichrétien.

CHAPITRE II

LE POÈTE GRUET, SON SUPPLICE (1547)

Le supplice de Michel Servet a fait oublier à la postérité les autres victimes de Jean Calvin.

Sans vouloir rien enlever à l'atrocité de la mort du médecin espagnol, il faut bien reconnaître pourtant qu'il était coupable d'hérésie, que le crime fut établi, et qu'il ne fut pas soumis à la question. Il tombait sous le coup de la loi : l'inquisition protestante le traita plus rigoureusement que ne l'avait fait l'inquisition catholique : au moins dans le supplice de Servet il y eut un semblant de justice.

Il y a deux crimes inexcusables qui pèsent sur la mémoire de Calvin : le supplice de Gruet et celui de Daniel Berthelier.

Dans le premier, il y a seulement présomption de culpabilité, dans le second il n'y a même pas cette présomption, c'est l'assassinat sans phrases.

Calvin n'aime pas les poètes. Comme Platon, il les a bannis de sa République. Ses admirateurs peuvent bien nous citer quelques-uns de ses vers : la poésie n'est jamais venue se reposer sur son front.

Gruet expia cruellement les badineries de sa muse légère à l'adresse du Réformateur : il croyait vivre encore sous la houlette de son évêque.

Le poète faisait partie de ce groupe de patriotes que nous allons voir dispersés ou tués par ordre de Calvin. Comme Ami Perrin, Favre, Berthelier et tant d'autres, il fut dévoré par la Réforme, qu'ils avaient appelée à leur secours contre le catholicisme.

Dans de joyeux festins qui se terminaient par des

danses accompagnées de gaies chansons, ces lutteurs lançaient force quolibets à l'adresse de Calvin et des ministres. Hommes d'énergie quand il avait fallu combattre le catholicisme et répandre leur sang sur les champs de bataille contre le duc de Savoie, ils se contentaient aujourd'hui de chanter les travers de l'homme qui faisait peser sur leur patrie un joug odieux.

Quand ils avaient ri, ils croyaient avoir assez fait ; leur colère avait disparu ; Calvin n'avait qu'à resserrer le nœud coulant qui étranglait la liberté et allait priver Genève de ses meilleurs enfants.

Si Calvin avait été un grand politique et un homme d'Etat, il aurait laissé à leurs festins ces hommes dégénérés qui n'étaient pour lui d'aucun danger et qui l'avaient appelé à Genève pour se donner un maître. Calvin avait l'épiderme trop sensible. Sa colère l'emporta. Son caractère atrabilaire le rendit incapable de supporter un bon mot des chevaliers de l'artichaut ou une épigramme du poète Gruet qu'il transforma en théologien pour mieux le perdre.

Calvin avait eu plusieurs fois mailles à partir avec le poète et, en chaire, l'avait traité de chien et de goinfre. Gruet se contentait de rire et haussait les épaules. Il se croyait suffisamment à couvert, grâce à la faveur de ses puissants amis qu'il amusait.

Le 27 juin 1547, un placard de menaces contre Calvin fut affiché sur la chaire de Saint-Pierre.

L'auteur disait aux ministres « qu'on ne veut pas avoir tant de maîtres ; qu'ils avaient jusques alors assez censuré ; que des prêtres reniés comme eux, n'avaient que faire de désoler ainsi le monde ; que quand l'on a longtemps enduré, à la fin l'on se revanche ; que s'ils continuent, on les mettra en tel lieu qu'ils maudiront l'heure qu'ils sont sortis de leur momerie, et qu'ils prennent garde qu'on ne leur en fasse autant qu'à M. Verle de Fribourg. »

Ce placard contenait beaucoup de vérités. Quel en était l'auteur? On ne le sut jamais. Calvin même l'ignorait, témoin sa lettre à Viret du 11 juillet 1547.

L'auteur ne pouvait être qu'un membre du groupe des Libertins. Lequel? Calvin aurait bien voulu peut-être frapper à la tête; mais nous sommes encore au premier acte de ce drame. Les Favre et les Berthelier sont trop puissants; mieux vaut s'attaquer à un membre moins en vue. Gruet est soupçonné : on l'arrête, on le met en prison.

Que Gruet en fut capable, bien que l'écriture ne fût pas la sienne, je le crois avec Calvin; qu'il ait eu peu de religion, je le crois avec l'annotateur de Spon. Gruet trouvait avec juste raison que Genève n'avait rien gagné au changement de maître, et qu'on était plus libre sous le Papisme que sous le protestantisme.

Le poète est certainement coupable de quelques railleries; il a pris part aux festins dans les tavernes. Quelques-uns de ses amis ont été obligés de faire amende honorable, à genoux, devant le consistoire, et Gruet a promis de les venger : donc Gruet a fait l'affiche; donc il mérite la mort.

Il faut pourtant un semblant d'accusation. Calvin se met à l'œuvre : il va fouiller partout, jusque « dedans la poulse et escovilles », jusque dans les endroits les plus cachés : il faut une preuve, un papier compromettant.

On fouille ses paperasses et on trouve :

1° Une lettre à Pierre de Bourg du 10 février 1547, dans laquelle il appelait Calvin l'évêque Asculanensis; disant en outre « qu'il est un grand hypocrite, qu'il se veut faire adorer, ôtant la dignité de notre saint Père le Pape; qu'il a une telle audace qu'il dit qu'il fera trembler les rois et les empereurs. »

2° Une lettre où il traitait Calvin d'homme fier, orgueilleux et opiniâtre.

3° Une autre lettre où il voulait faire passer Calvin pour un homme qui prétendait avoir des inspirations divines, et lui conseillait de se faire chef d'une nouvelle religion.

4° Un écrit où il excite le peuple à secouer le joug des pasteurs et du consistoire, et à s'opposer à l'emprisonnement des Libertins.

5° Enfin un autre écrit en latin, que Calvin caractérisa de cette manière dans sa lettre à Viret : « Paginæ duæ compositæ latina lingua ubi ridetur scriptura tota, laceratur christus, immortalitas animæ vocatur somnium et fabula, denique tota religio convellitur ».

Nous avons en main toutes les pièces du procès. Il importe de remarquer qu'aucune d'entre elles, le placard excepté, n'avait été livrée à la publicité.

On dresse alors contre le malheureux poète un jugement plus inique que celui de Servet.

On l'a arrêté sur le soupçon d'avoir fait le placard affiché à Saint-Pierre. Ce n'est pas son écriture, avoue Calvin. L'écriture d'ailleurs importe peu : Gruet a pu avoir un copiste. Il faudrait au moins lui prouver qu'il en est l'auteur. Or, dans l'échafaudage des accusations dressé contre lui, le soupçon se transforme en certitude.

Mais il y a plus ; Gruet est condamné non seulement pour avoir parlé mal de M. Calvin, mais encore Calvin va s'ériger en juge de la pensée et de la conscience, et s'arroger un pouvoir qui n'appartient qu'à Dieu.

Ces feuillets épars ne formaient pas un livre, et n'avaient pas été publiés. Gruet n'était donc responsable que devant sa conscience des blasphèmes qu'il avait pu proférer.

Aucun tribunal humain ne pouvait donc le juger, encore moins le condamner.

La loi de Genève punissait de mort l'hérésie et le blasphème, mais toute loi humaine s'arrête au seuil de la conscience.

Aussi les considérants de l'acte d'accusation sont dignes de faire l'admiration des siècles.

Calvin attribue à Gruet plusieurs erreurs comme je l'ai dit plus haut, en particulier la négation de l'immortalité de l'âme ; « et par les choses prémisses, ajoute-t-il, il a été plutôt ENCLIN à dire, réciter et écrire fausses opinions et erreurs qu'à la vraie parole de Notre-Seigneur que l'on annonce tous les jours ».

De plus, la législation de Calvin n'est pas humaine mais divine :

« Tous contrevenants à icelle tant par parole que par VOULOIR, sont rebelles à Dieu, méritant griève punition. »

Avec ces deux considérants qu'on ne trouve que dans un jugement de l'inquisition protestante ou révolutionnaire, Calvin pouvait faire pendre ou brûler tous ceux qui lui déplaisaient.

Par delà Gruet, Calvin visait les patriotes. Il « doit avoir des adhérents et des complices qu'il doit nommer ».

Il *doit* avoir des complices et il *doit* les nommer.

Colladon, à l'œuvre !

Et Gruet est mis à la torture. Pendant près d'un mois, quelquefois deux fois par jour, Colladon, passé maître dans son art, travaille à lui arracher des aveux. Il l'attache, le torture, le délie, lui donne des réconfortants, le renvoie en prison. Il recommence : vains efforts. Les lèvres de Gruet restent closes ; par sa fermeté inébranlable il sauve les patriotes.

Enfin le conseil rend la sentence.

Gruet est accusé « d'avoir parlé avec mépris de la religion, et soutenu que les lois divines et humaines ne sont que pures folies » ; d'avoir « composé des vers obscènes et enseigné que l'homme et la femme peuvent user de leur corps comme ils l'entendront » ; d'avoir « menacé des ministres et médit de Calvin » ; d'avoir

« conspiré avec le Roi de France contre la sûreté de Calvin et du pays. »

Le 26 juillet 1547, Gruet monte à l'échafaud.

Sa mort pèse sur la mémoire de Calvin et de la Réforme. Le conseil de Genève lui-même sentit tout ce qu'il y avait d'iniquité dans une pareille sentence.

Pris de remords, quand Gruet fut mort, il exigea une nouvelle enquête et un nouveau jugement, afin de se tranquilliser sur la précipitation dont il avait fait preuve dans le premier.

Cette inique façon de procéder est, je crois, le seul cas que l'histoire des tribunaux nous offre. La justice humaine peut se tromper. Après la condamnation d'un homme elle peut recommencer le procès, mais alors c'est un procès de réhabilitation.

Le juge qui a condamné par ordre a besoin de calmer sa conscience.

Ce procès de culpabilité fait par les juges de Genève est attesté même par les historiens protestants. L'annotateur de Spon nous dit qu'on trouva un manuscrit, « au mois d'avril 1550, en nettoyant le galetas de la maison » de Gruet. « Cet écrit contenait 26 pages et n'était qu'un tissu de railleries contre la religion. »

A merveille ! mais il aurait fallu le produire au tribunal du vivant de Gruet et non trois ans après sa mort.

Calvin fut chargé de réunir toutes ces feuilles, et d'en tirer, sans pouvoir être contredit par l'accusé, un jugement en règle et cette fois légal.

Or, que le lecteur se rappelle l'accusation lancée dans le premier jugement contre Gruet, d'avoir conspiré avec le roi de France contre la sûreté du pays. Elle ne figure plus dans le second jugement.

Qu'on me permette de citer, d'après l'annotateur de Spon, le jugement de Calvin. Le Réformateur trouve « que cet écrit contenait plusieurs blasphèmes si exécrables, qu'il n'y a créature humaine qui ne doive trembler à les ouïr ; comme en général de se moquer de toute la chrétienneté, de Notre-Seigneur Jésus-Christ, Fils de Dieu et le Roi de Gloire; et non seulement se déborde ainsi vilainement contre notre sainte et sacrée religion chrétienne ; mais aussi renonce et abolit toute religion et divinité, disant que Dieu n'est rien, faisant les hommes semblables aux bêtes brutes, niant la vie éternelle, et dégorgeant telles exécrations dont les cheveux doivent dresser à la tête à tous, et qui sont infections si puantes, qu'elles peuvent rendre tout un pays maudit. Tellement que toute gens ayant conscience, doivent requérir pardon à Dieu de ce que son nom a été ainsi blasphémé entre eux ».

Tout cela, nous ne le contestons pas : conformément à la loi de Genève protestante, Gruet méritait la mort; mais il fallait attendre trois ans pour lui faire trancher la tête et ne pas procéder à un jugement sans la présence du prévenu.

Donc, en 1550, trois ans après la mort de Gruet, le magistrat « lui fit faire son procès qui fut lu solennellement de dessus le tribunal, de même que la sentence par laquelle l'écrit était condamné à être brûlé par la main du bourreau devant la maison de Gruet. Et portait de plus qu'il était plein de détestables blasphèmes contre Dieu, Jésus-Christ son fils, notre Sauveur, et le Saint-Esprit, les Patriarches, les Prophètes, les Disciples, les Apôtres et évangélistes, la glorieuse Vierge Marie, contre toutes les Saintes Ecritures et la Religion chrétienne ».

Ainsi périt l'infortuné Gruet; ce fut sur lui que s'essaya la main tremblante encore de Calvin. Ses amis n'auront pas un meilleur sort. Ils n'ont pas su le défendre : l'ogre va les déshonorer d'abord pour les manger ensuite.

CHAPITRE III

LES PATRIOTES DE GENÈVE, SUPPLICE DE BERTHELIER

Il y a dans l'histoire bien peu de drames aussi poignants que celui que nous allons raconter. La liberté agonise lentement sous les sarcasmes et les calomnies de Calvin qui traîne dans la boue les femmes et les vieillards. Et quand ces hommes auront disparu dans les supplices ou dans l'exil, l'histoire encore les poursuivra de son indifférence et de son silence. Pour sauvegarder intacte la mémoire de Calvin, pour ne pas faire mentir les théories apportées à l'Europe par la Réforme et n'être pas un témoin à charge redoutable, l'histoire se taira sur Favre, Perrin, les deux Berthelier, se faisant ainsi, à travers les siècles, la complice de Calvin.

Je ne suis pas étonné que les historiens protestants aient terni leur mémoire.

« Les Libertins, dit Spon, ne voulaient point souffrir qu'on leur ôtât les jeux, les cabarets et autres lieux de débauche. »

Michelet leur jette à son tour le coup de pied et ceci m'étonne.

« Partisan de Servet et de la raison moderne, j'inclinais du côté de ses amis, les amis de la Liberté (ou Libertins). Cette question étudiée dans les *Archives de Genève* spécialement dans les registres du conseil, devient plus claire. Je crois que ce parti eut livré Genève à la France. Malheur immense pour l'Europe. Servet comptait sur la victoire des Libertins, et c'est pour cela qu'il prolongea à Genève le séjour qui le perdit. Nul doute que Calvin n'ait cru sauver la religion et la patrie, la révolution européenne (*Guerres de religions* : note du chap. V).

Ce jugement inique montre la valeur de l'historien. Celui que je trouve formulé sur eux dans l'histoire générale de Lavisse (tome IV, p. 553) est bien plus équitable.

«... Puis le temps fit son œuvre : les intérêts supérieurs de la cause protestante en Europe commandèrent de jeter un voile sur des souvenirs qui n'intéressaient que Genève. Et l'histoire elle-même, toujours complice du succès, flétrit cette poignée de patriotes qui avaient tenu tête à la seconde tyrannie, comme à la première, du nom de parti des Libertins. »

Deux causes allaient mettre aux prises les patriotes de Genève avec le Réformateur : le pouvoir d'excommunication donné au Consistoire, et la concession du droit de bourgeoisie aux réfugiés.

Les patriotes avaient opéré la Révolution dans Genève pour se soustraire à l'influence de l'évêque. Le conseil possédait seul alors le pouvoir d'excommunication et de censure. Malgré l'opposition des patriotes qui trouvaient avec raison que c'était un retour vers le papisme, le consistoire s'était fait octroyer ce droit : c'était ériger Calvin en prince-évêque de Genève, et placer la ville sous son autorité. Toutes les luttes des patriotes vont porter autour de ce point. L'affaire des réfugiés, malgré son intérêt et son importance, n'est que secondaire.

A cette époque, Genève était devenu le refuge de tous les gens tarés : banqueroutiers des Pays-Bas, voleurs et assassins de France et d'Italie, tous ceux qui avaient un crime sur la conscience et étaient poursuivis par la justice de leur pays, venaient s'y réfugier, heureux de mettre la frontière entre eux et les juges et d'échapper au juste châtiment qui les attendait. Tous ces gens, perdus de mœurs ou criblés de dettes, changeaient de religion, s'attachaient à la fortune du réformateur et devenaient ses meilleurs soutiens. Ils lui devaient tranquillité, refuge, protection et sauvegarde.

Calvin les transforma en confesseurs de la foi et les proposa comme modèles aux Genevois. N'avaient-ils pas quitté leur patrie pour embrasser la nouvelle religion ? Aussi toute parole offensante pour les réfugiés devint un blasphème, et les Genevois se le tinrent pour dit.

Ces hommes venus de tous les coins de l'Europe purent dès lors exercer leur métier en toute sécurité : métier de délateurs. La confession avait été abolie, mais rétablie sous une nouvelle forme. Dans le gouvernement théocratique que Calvin voulait imposer à Genève, ces espions furent de bien précieux auxiliaires, en semant partout la terreur du consistoire toujours bien renseigné, toujours prêt à punir.

Pour les récompenser, le nouvel évêque de Genève leur fit octroyer le droit de bourgeoisie. En un seul jour trois cents de ces réfugiés obtinrent droit de cité. Il fallait lutter contre l'influence des patriotes et obtenir la majorité dans les conseils.

Les Genevois se contentèrent de gémir à la vue de cette invasion qui allait faire de leur ville une cité cosmopolite, et où le sang étranger allait dominer sur le sang national.

« Ah ! pauvre Genève, s'écriait un jour Berthelier, comment te défendre maintenant, s'il plaît au roi de France de se servir contre nous de cette garnison de ses sujets. »

Les vieilles familles de Genève, les plus importantes, celles qui avaient tant lutté, il y avait une dizaine d'années, pour faire de leur patrie une ville libre, voyaient avec peine le droit de cité accordé si facilement à des étrangers qui étaient d'autant plus insolents qu'ils étaient arrivés comme des mendiants.

La lutte ne devait pas tarder à éclater. Nous en avons vu le premier acte : la mort de Gruet. Suivons maintenant ce drame de l'étranglement de la liberté par cette main de fer au service d'un cœur sans entrailles.

Pendant plusieurs années les partis s'observèrent. Les patriotes épièrent toutes les démarches de Calvin, scrutèrent sa conduite, connurent jusqu'aux actes les plus cachés de sa vie ; puis, dans les tavernes, ils contrefaisaient le réformateur, riaient de sa doctrine et lançaient force épigrammes.

La police de Calvin ne les quittait pas non plus, surveillant tous leurs pas, suivant tous leurs actes, écoutant toutes leurs paroles, prenant part à leurs fêtes, pénétrant jusque dans leurs demeures, et rapportant au maître fidèlement leurs paroles, leurs badinages et leurs amusements.

La partie n'était pas égale entre les deux adversaires. Les patriotes n'avaient que leur prestige passé, un peu de gloire, et les tavernes où ils riaient. Calvin tonnait du haut de la chaire contre le mépris de la loi de Dieu et agissait sur la conscience populaire. Il ne garda bientôt aucune mesure, et déshonora ces patriotes d'un nom sous lequel ils sont connus dans l'histoire : les Libertins.

Ce sont ces Libertins qui avaient arraché Genève au duc de Savoie, et qui avaient appelé Calvin.

Si, en 1547, ils ne partagèrent pas le sort de leur infortuné compagnon, Ameaux, Favre, Perrin et les autres le durent à leur popularité. Les services rendus étaient encore trop présents à la mémoire de tous : le peuple les vénérait trop encore pour les livrer à la hache du bourreau. Les discours de Calvin n'avaient pas aussi porté leurs fruits, ni arraché du front de ces Libertins la couronne que la victoire y avait placée.

Calvin eut vite jugé ses adversaires : pleins de courage devant les troupes du duc de Savoie, il les savait sans force et sans énergie, prêts à se soumettre aux décisions qu'il dicterait aux juges.

Pierre Ameaux fut la première victime. Dans un souper où il croyait n'être entouré que d'amis, il fit rire tous ses convives aux dépens de Calvin. « Vous prisez trop cet homme », lui fait dire Bolsec, « vous le mettez sur tous les apôtres et docteurs qui furent onc ; mais ce n'est pas si grand'chose que vous en faites ». Les têtes s'échauffent, le vin les exalte, et le réformateur n'est pas épargné par ces langues médisantes.

Des espions recueillent les propos malveillants et vont en informer le maître. Le lendemain, Ameaux est cité à comparaître devant le Conseil.

Les vapeurs du vin s'étaient évanouies, et avec elles le courage : il confessa son crime et trouva des circonstances atténuantes dans son état d'ivresse. Le conseil le condamna à trente thalers d'amende.

Calvin n'est pas satisfait. Il n'y a rien de déshonorant dans cette sentence. Il faut à tout prix que le coupable soit humilié et qu'il subisse une peine qui lui enlève tout prestige. Escorté des ministres et des anciens, Calvin accourt au tribunal, invective contre Pierre Ameaux qui a violé la loi et outragé les mœurs ; il faut que le coupable fasse amende honorable, ou lui, Calvin, quittera Genève et ira porter ailleurs la semence de la parole de Dieu.

Le conseil cède et le lendemain Pierre Ameaux, un cierge à la main, et demi-nu, fait amende honorable et demande pardon à ses concitoyens du scandale qu'il a donné. Le premier pas était fait. L'influence d'Ameaux est usée. Au tour des autres.

A cette époque, la famille Favre était l'une des plus considérables de la ville. Son chef était François Favre : c'était un vieillard à cheveux blancs, une âme de soldat. Sa fille, Françoise, avait épousé Perrin, capitaine général.

Dans cette famille, on n'avait pas du respect pour la personne de Calvin ; on l'y surnommait le Caffard. Bien souvent ses manières et ses gestes y étaient travestis et sa doctrine formait le motif des amusements.

On se moquait même de ses préceptes, et on en affichait publiquement le mépris. Françoise, devenue la femme de Perrin, était folle de la danse et organisait des soirées où on dansait avec entrain malgré les règlements.

La danse fut l'occasion de la perte des patriotes.

Calvin relevait le gant, et, du haut de la chaire, dénonçait au peuple les débordements de cette Hérodiade. Il faudra qu'elle se soumette ou qu'elle parte. Il est curieux de voir cet étranger, quelques années auparavant sans domicile, parler en maître aux familles genevoises. En 1546 il écrit à Farel :

« Depuis votre départ les danses ne nous ont pas donné un moment de repos. Tous ceux qui s'y sont laissé entraîner ont été mandés devant le consistoire. La colère finit par m'emporter. J'ai tonné contre ce mépris du Seigneur si hautement affiché, et contre l'oubli de nos saintes ordonnances. La Françoise Perrin nous a dit mille injures. Je lui ai répondu comme elle méritait. Je demandai si cette famille de Favre avait le privilège de violer impunément les règlements de police. Le père est un paillard qui a déjà été accusé d'adultère... J'ajoutai que ne vous bâtissez-vous pas une ville où vous vivrez à votre fantaisie, puisque vous ne voulez pas subir le joug du Christ ? Mais tant que vous resterez ici, c'est inutilement que vous chercherez à vous soustraire aux lois : car y eut-il en votre logis autant de diadèmes que de têtes, Dieu saura bien rester le maître... Alors sont venus les aveux : ils ont tout confessé, et j'ai su qu'ils avaient dansé chez la veuve Balthasar. Du conseil ils ont passé dans la prison. Le syndic avait montré une faiblesse coupable : il a reçu une verte semonce du consistoire et a été suspendu jusqu'à ce qu'il donne des preuves de repentir. On dit que Perrin est de retour de Lyon. Il n'échappera pas au châtiment. La femme de Perrin est furieuse : la veuve Balthasar à demi-folle, tous les autres sont honteux et se taisent ».

Le 1er avril 1546, il y avait eu une noce : Favre, Perrin, Gruet, Jean-Baptiste Sept et autres y avaient dansé.

Le lendemain, tous étaient traduits devant le consistoire, François Favre en tête. C'est contre ce dernier surtout que Calvin allait agir. Ce qu'il lui reproche, c'est d'avoir tenu des propos injurieux contre Calvin et les réfugiés.

Favre aurait dit qu'il ne croyait pas à tout ce qu'on prêche maintenant et aurait envoyé « au diable les prédicants et ceux qui les maintiennent ». Calvin, aurait-il dit encore, l'a tourmenté plus que quatre évêques qu'il a vu enterrer ; aussi ne veut-il pas le reconnaître pour son prince. Le Réformateur a bien aboli la confession mais il « a trouvé moyen qu'il lui faut aller dire ses péchés et faire la révérence. » De plus, les réfugiés sont cause que les Genevois sont esclaves : aussi n'accepterait-il pas la place de capitaine des arquebusiers « s'il devait y avoir des Français dans la compagnie, parce qu'il ne voulait que de bons Genevois et point de rapports avec M. Calvin ». Enfin, voici le grand crime ; quand on l'a mené en prison, il a crié : liberté ! liberté !...

Demander la tête de Favre c'était trop... celle de Gruet n'était pas encore tombée. Ameaux seul avait fait amende honorable. Calvin veut soumettre François Favre à la même humiliation. Le fier patriote releva la tête, et préféra la prison à cette dégradation morale. Trois semaines après, les envoyés de Berne le firent délivrer.

Mais Calvin ne lâchait sa proie que pour mieux la saisir. Non seulement il lui faut la tête de Favre, le vieillard édenté qu'il accuse de corrompre ses servantes, il lui faut surtout celle de son gendre, le capitaine général Perrin. Avant de tuer les hommes, Calvin les use.

En ce moment, Gruet l'occupe assez ; n'oublions pas que, en juillet 1547, le malheureux poète est mis à la torture pour lui arracher des aveux. Derrière Gruet, Calvin vise Favre, Perrin et les patriotes.

Gruet est mort sans desserrer les lèvres : Calvin a manqué son but ; mais il a d'autres moyens à sa disposition, et, deux mois après la mort de Gruet, commence le premier jugement de Perrin.

Françoise Favre est encore allée danser sur le territoire de Berne. Elle est incorrigible. Elle est arrêtée en même temps que son père.

Traduit devant ses juges, accusé de prostitution, le vieux Favre montre ses cheveux blancs et refuse de se défendre.

Sa fille comparaît après lui : elle se défend comme une furie, au dire de Calvin.

En apprenant que son beau-père et sa femme sont accusés, le capitaine général accourt. Il écarte un homme que l'on jugeait en ce moment. Retire-toi, lui dit-il, mon affaire est plus pressée que la tienne.

Il est arrêté pour avoir violé le sanctuaire de la justice. La partie était grosse de conséquences. Perrin n'était pas Gruet. Peut-être aussi le supplice du poète avait-il soulevé un peu d'indignation dans le peuple qui n'avait pas oublié les services que les Libertins avaient rendus à la cause publique.

Le peuple de Genève aimait le capitaine général. Si,

en ce moment-là, il y avait eu dans la ville un homme d'action, Calvin et les prédicants reprenaient le chemin de l'exil.

Des attroupements se forment : le peuple fait entendre des cris de menaces ; la police n'ose disperser une foule qui bafoue le nom de Calvin : la révolution est dans la rue. Le conseil des Deux-Cents est divisé : la majorité même semble pencher pour Perrin : on va en venir aux mains.

Dans cette circonstance, Calvin fut vraiment grand... la moindre hésitation pouvait le perdre ; c'était pour son œuvre une question de vie ou de mort.

Froid et audacieux, Calvin se rend au Conseil. Par les rues, des cris de mort l'accueillent : il les dédaigne. Arrivé aux Deux-Cents, il se retourne, fixe le peuple. Devant tant d'audace la foule est dominée.

Il entre au Conseil ; à sa vue tout se calme : les juges sont domestiqués. Appuyé sur le bras d'un conseiller, sûr de la victoire, il sort, et du haut de l'escalier harangue la foule. Le prédicateur est devenu tribun. Les patriotes ont perdu la bataille ; Perrin est livré aux juges.

Le procès dura du 20 septembre au 5 novembre 1547. Les juges qui entendaient encore de temps en temps gronder au dehors la voix du peuple n'osèrent livrer au bourreau la tête de Perrin ; le capitaine général fut privé de son titre et de ses emplois.

Calvin sortait grandi de la lutte. Il pouvait attendre quelques années avant de jouer le dernier acte de cette tragédie. D'ailleurs, Michel Servet commençait à l'occuper : les Libertins durent peut-être au médecin espagnol de vivre quelques années de plus.

Mais pour s'entretenir la main, Calvin lançait aux patriotes du haut de la chaire force invectives : Il n'avait plus à les redouter : Ameaux avait fait amende honorable ; Favre s'écroulait sous le poids des calomnies et avait connu la prison ; Perrin s'était laissé assassiner moralement par la perte de son titre. L'espoir du peuple de Genève pour le délivrer de la tyrannie n'était plus en lui mais en Berthelier.

Philibert Berthelier fut le héros du dernier acte de ce drame ; son frère en fut la victime : avec lui la liberté fut étranglée.

Que reprochait le consistoire à Philibert Berthelier ? Toujours les mêmes crimes : fréquentation des tavernes et des mauvais lieux, repas nocturnes, propos infâmes ou injurieux contre Calvin, moqueries envers le consistoire.

Philibert était armé. Si les délateurs l'avaient surveillé, à son tour il avait surveillé les ministres. Au lieu de trembler devant ses juges comme un coupable, il se fit accusateur. Il dévoila en public la conduite scandaleuse des ministres : la matière était abondante. La Cène lui fut interdite (1552).

L'année suivante, pendant le procès de Servet, Philibert se rend au Conseil et demande que la Cène lui soit donnée. Le Conseil accorde la demande. Calvin s'y oppose vivement : il menace même de quitter la ville ; le Conseil ne se laisse pas émouvoir et maintient sa décision.

Les Libertins vont au temple. Calvin monte en chaire, et prononce un terrible réquisitoire contre les sacrilèges qui veulent s'approcher de la Cène malgré la censure du consistoire. Le peuple s'incline devant le ministre : les Libertins sortent du Temple.

Quelques jours après, les ministres en corps se rendent au Conseil pour lui demander de reconnaître de nouveau, conformément aux édits, au consistoire seul le droit d'excommunication. Les avis du Conseil furent partagés. La question fut soumise au Conseil des Deux-Cents : nouvel échec pour Calvin. Ce ne fut qu'en 1555, après la mort ou l'exil des patriotes, que le consistoire eut de nouveau le pouvoir d'excommunication.

Cette première défaite dut être sensible au cœur de Calvin. Aussi les Libertins n'eurent guère le temps d'en jouir : d'ailleurs, même sur ce point ils n'avaient obtenu qu'une demi-victoire : le Conseil général, comme le voulaient les patriotes, n'avait pas le pouvoir d'excommunication.

Pour y arriver, il fallait enrayer le mouvement qui accordait le droit de bourgeoisie aux réfugiés. Berthelier, Perrin et Vandel se mirent à la tête du peuple de Genève et l'excitèrent à demander que le droit de bourgeoisie ne fût plus accordé à des étrangers : quand ils crurent le moment venu, ils chargèrent Dumolard, qui était de leur parti, de se présenter devant le petit Conseil pour lui exposer le mécontentement de la ville, et le prier d'assembler le Conseil des Deux-Cents pour lui poser cette question : est-il du bien de l'Etat de recevoir davantage des bourgeois ? Le petit Conseil refusa.

Dumolard rapporta la réponse à ses partisans. Ceux-ci résolurent qu'il se présenterait de nouveau le lendemain devant le Conseil. Ce qu'il fit, accompagné par quantité de petit peuple. Rien ne put ébranler les magistrats, même la présence de Perrin et Vandel. Il n'y avait rien à attendre des Conseils de la ville.

Restait un dernier moyen, celui qu'emploient les hommes dignes de la liberté, quand ils ne peuvent l'obtenir par la légalité : le coup d'Etat. Berthelier, Perrin, Dumolard, Vandel, les deux Sept et autres patriotes décident alors, conformément à la Constitution, de convoquer le Conseil général sans avertir les syndics et les consuls et de lui rendre le droit d'excommunication.

Espérant triompher cette fois, ils célèbrent leur victoire par un repas. Calvin est au courant de tout. A la porte de la maison où les patriotes sont réunis, des jeunes gens montent le guet. Ce n'est pas le festin du triomphe ; c'est le repas des funérailles de la Liberté. Une bagarre éclate : le guet est le plus fort. Les frères Comparet sont arrêtés : les autres échappent.

Le lendemain, le petit Conseil et le Conseil des Deux-Cents sont convoqués. Perrin y assiste. Le mot de complot est prononcé. Les conjurés prennent peur. Perrin sort à la hâte du Conseil et avec Berthelier, Vandel et les autres prend le chemin de l'exil. Deux jours après, les fugitifs sont condamnés à mort par contumace.

Daniel Berthelier n'a pu fuir ; il est arrêté, traduit devant les juges et mis à la torture.

Malgré les remontrances et les cauteleuses promesses, malgré les ministres et malgré Calvin, rien ne put le déterminer à dire rien contre la vérité et contre sa conscience ! A la torture ! Et comme Gruet, Daniel Berthelier en connut toutes les horreurs. On lui attache des pierres aux pieds ; la corde se rompt trois ou quatre fois ; les membres sont disloqués. Daniel n'avoue rien. « Les seigneurs du Conseil, dit Bolsec, en cuidèrent crever de dépit. »

Amblar Corne va le trouver en prison : Tu avoueras ou on te donnera tant de traits de corde qu'on t'arrachera les bras et les jambes.

Comme Gruet, Daniel est muet : il ne trahira pas ses frères.

Pour lui, on invente un nouveau supplice. Insensible aux maux de la torture, Daniel restera-t-il insensible aux larmes et aux supplications de sa mère ? Supplice atroce et antihumain ! Calvin va se servir de ce qu'il y a de plus sacré sur cette terre, de l'amour maternel, pour arriver à ses fins.

Cet homme devait tout souiller.

Amblar Corne, le disciple chéri du Réformateur, sera son instrument avili. Il va trouver la pauvre mère qui avait fui et l'invite à rentrer à Genève pour le bien et l'honneur de son fils qui va périr dans les tourments pour ne vouloir faire aucun aveu.

Que lui demande-t-on, en effet ? Avouer que Perrin et les autres fugitifs l'ont sollicité d'entrer dans le complot ; qu'il l'avoue, et tout sera oublié, et Daniel sera comblé d'honneurs.

Le Conseil veut sauver son fils ; mais il exige cet aveu : Rien n'a pu l'ébranler ; la seigneurie ne peut avouer être vaincue : il périra sous les coups de corde. Il faut que sa mère vienne, qu'elle lui fasse tout avouer. Envoyé par le Conseil, il prend l'engagement formel que Daniel aura la vie sauve, et sera comblé d'honneurs.

La pauvre mère suivit Amblar Corne : elle vint à Genève ; elle alla droit à son fils. Et dans cette prison de l'inquisition protestante se passa l'un des drames les plus poignants qui se puissent concevoir : une mère luttant contre son fils pour lui faire avouer un crime qu'il n'avait pas commis.

Daniel n'eut pas la force de Perpétue devant le proconsul d'Afrique ; la martyre catholique sentit son cœur s'émouvoir devant les cheveux blancs de son père, mais elle triompha de la nature et confessa la vérité.

Vaincu par les larmes d'une mère — et n'accusons ni la mère ni le fils — Daniel voulut lui épargner les angoisses du deuil : il lui promit de tout avouer.

La malheureuse mère alla trouver Amblar Corne ; le Conseil s'assemble, l'interrogatoire commence, les aveux suivent, la confession est mise par écrit : la sentence de mort est prononcée sur le champ et exécutée le même jour.

Et la dolente mère sortit aussitôt de Genève. Elle courut comme une folle à travers les cantons de la Suisse, racontant son malheur, et comment, dans l'espoir de sauver son fils sur la promesse d'Amblar Corne et du Conseil, elle l'avait mené droit à l'échafaud, déshonoré.

Les deux Comparet et les autres eurent le même sort.

Ces têtes ne suffirent pas à Calvin. Il y avait encore les patriotes, et le peuple est si changeant ! Réfugiés à Berne qui ne voulut pas les exiler, malgré la demande de Calvin, ils menaçaient de là son influence. Il fit bannir leurs femmes, confisquer leurs biens et prononcer la peine de mort contre quiconque parlerait de les rappeler.

Maintenant que les têtes sont tombées, que les patriotes sont en exil, que la liberté est morte, Calvin peut écrire à Farel : « Il n'y a plus d'esprit national, plus d'amour, plus de charité, plus de mœurs à Genève... Je tremble pour l'avenir ».

Avant de terminer cette page de l'histoire de la Réforme, n'oublions pas les humbles et les petits qui portèrent le poids de la colère de Calvin, ces malheureux bateliers qui furent mis à la torture et écartelés pour leur arracher des aveux et des dénonciations.

Comme l'ordre social, l'histoire qui le reflète ne s'occupe que des grands personnages, de ceux qui ont dû un peu de célébrité à leur fortune ou à leur position ; les autres tombent dans l'oubli, et dans la tombe où ils descendent par l'injustice des hommes, ils ne peuvent même pas avoir la consolation de se dire que l'histoire un jour répétera leurs noms et leur gardera un petit souvenir...

CHAPITRE IV

BOLSEC ET LA LÉGENDE DU FER ROUGE

C'est peut-être dans la doctrine de Calvin sur la prédestination qu'il faut chercher la cause de son mépris pour la liberté. Le Dieu de Calvin nous crée pour l'enfer ou pour le ciel : la liberté humaine n'est qu'un vain mot : les bonnes œuvres sont inutiles.

Quand un législateur se dit en même temps prophète, et qu'il émet de pareils principes, cet homme, Mahomet ou Calvin, devient nécessairement un tyran. Quiconque n'embrasse sa doctrine, est en effet exclu du livre de vie, et le nouveau prophète peut l'exclure de sa République comme son Dieu l'a exclu du ciel.

Un jour, un pasteur de Genève développait cette doctrine. A la fin du prêche, un auditeur voulut user du droit qui était accordé à tous de présenter quelques observations sur la doctrine enseignée.

La partie était belle : il se posa en champion de la liberté humaine, et montra comment ce Dieu nouveau sorti du cerveau de Calvin, était un tyran, et comment lui-même était alors le vrai coupable de nos fautes. Les preuves tombèrent drues et serrées : Ecritures, théologie, philosophie, conscience humaine, tout venait en ce moment en aide au contradicteur.

Il avait cru user de son droit. Un auditeur vint à lui ; pour toute réponse et pour mieux le convaincre de la vérité de la doctrine calvinienne, l'arrête et le fait conduire en prison, pour avoir insulté Calvin.

Le prisonnier s'appelait Bolsec.

Né à Paris, Bolsec entra dans l'ordre des Carmes. Vers 1545, il prêche à Paris, et à la suite d'un sermon il s'enfuit et va chercher un refuge à Ferrare, auprès de Renée de France. Il s'y marie, et se met à exercer la médecine.

Aussitôt le jugement s'informe contre le contradicteur. A la hâte, les pasteurs font un résumé de la doctrine calvinienne sur la prédestination : il faut croire ou mourir.

L'ancien Carme ne s'épouvante pas. Comme devant les fidèles, il défend la liberté humaine devant les juges avec toute sa science et toute son ardeur. La doctrine de Calvin est mise à néant. La conscience humaine triomphe par la bouche de Bolsec.

Il aurait dû être mis en liberté ; il resta en prison et se consola en composant des vers.

Calvin aurait voulu sa tête : on consulta les églises de Suisse. Zurich opina pour la sévérité : Berne et Bâle pour la douceur.

On va donc le mettre en liberté. Calvin insiste, il faut le marquer au front d'une marque d'infamie pour apprendre au peuple comment on traite ceux qui osent contredire.

Le Conseil refuse ; Bolsec est banni.

L'ancien Carme emporte ses livres et ses hardes et se retire à Thonon. Désabusé de la Réforme, il revient à la foi catholique et écrit une vie de Calvin.

Que n'a-t-on pas dit de cette vie ? Le médecin faisait connaître le Réformateur sous un tel jour que beaucoup l'ont traité et le traitent encore de pamphlétaire.

Malheureusement pour la Réforme, les assertions de Bolsec ont été confirmées peu à peu, pour la plupart, par les travaux des historiens.

On avait nié que Calvin fût coupable de la mort de Gruet, comme l'affirmait Bolsec. Galiffe a prouvé sa culpabilité. On avait nié que Calvin eût écrit, en 1546, la lettre où il prédit la mort de Servet. Audin la trouve et la publie, donnant raison à Bolsec. Et les auteurs protestants eux-mêmes, que le parti-pris n'aveugle pas, sont obligés d'avouer, confirmant ainsi Bolsec, que l'influence de Calvin fut néfaste à Genève.

Comme ses contemporains, Bolsec se fait l'écho, dans sa vie de Calvin, des mauvaises mœurs du réformateur. Que faut-il en croire ? Que faut-il croire surtout de cette légende du fer rouge dont les épaules de Calvin auraient été marquées à Noyon, comme il voulait marquer le front de Bolsec à Genève ?

Je pourrais, comme Audin, ne pas m'y arrêter. Je crois cependant que la question mérite d'être examinée.

Il est inexact d'abord d'accuser Bolsec d'être l'auteur de cette légende. Bien avant lui — son livre ne parut qu'une douzaine d'années après la mort de Calvin — et du vivant même de Calvin, cette accusation fut portée contre l'ancien curé de Noyon. Le silence de ce dernier semble inexplicable et nous allons voir Richelieu en tirer un puissant argument en faveur de sa thèse.

En 1581, Campian, un catholique, donne comme un fait connu de tous en Angleterre ce que nous appelons une légende. Son adversaire, Wittaker, n'y contredit pas et répond par cet indigne parallèle : Calvin a été stigmatisé, saint Paul l'a été et d'autres aussi.

Stapleton est convaincu de la vérité du fait. Schlussemberg parle aussi des débauches de Calvin pour lesquelles un stigmate lui fut marqué sur le dos.

Le cardinal de Richelieu résume toute l'école en ces quelques lignes.

« Ce qui doit passer pour une conviction indubitable des crimes imputés à Calvin, est que depuis qu'il a été chargé de cette accusation, l'Eglise de Genève non seulement n'a pas justifié le contraire, mais même n'a pas nié l'information que Berthelier, envoyé par eux de la même ville, fit à Noyon. Cette affirmation était signée des plus apparents de la ville de Noyon, et avait été faite avec toutes les formes ordinaires de la justice. Et, dans la même information, l'on voit que cet hérésiarque ayant été convaincu d'un péché abominable que l'on ne punit que par le feu, la peine qu'il avait méritée fut, à la prière de son évêque, modérée à la fleur de lys... ajoutez à cela que Bolsec ayant rapporté la même information, Berthelier qui vivait encore au temps de Bolsec ne la démentit point. »

On voit que les accusateurs ne sont pas à dédaigner. Calvin, et après lui Genève, ne pouvaient rester indifférents sous le coup d'une pareille accusation. Il faut arriver au XVIIe siècle pour que la mémoire de l'hérésiarque trouve des défenseurs.

Drelincourt et Rivet tâchent de le laver de cette infamie. Nous pourrions renvoyer à Rivet son argumentation : « tous les témoignages (contre Calvin) sont des témoignages de jésuites ».

M. Doumergue, le dernier historien de Calvin, apporte comme témoins favorables à Calvin deux catholiques : Desmay et Levasseur.

Desmay parle bien d'un Jean Calvin, vicaire, qui fut fustigé : « pour avoir retenu en sa maison une femme de mauvais gouvernement » ; mais quelques lignes plus haut, il dit aussi : « J'ai bien ouï dire à aucuns chanoines des plus anciens qu'ils ont vu autrefois un feuillet blanc dans les registres où, en tête, il y avait écrit : *condemnatio Johannis Calvini*, et n'y avait rien écrit davantage en toute la page, ains demeurait en blanc, cela a donné à deviner à beaucoup ce que se pouvait être ».

Levasseur est plus catégorique : il ne croit pas à la culpabilité de Calvin. On peut voir dans l'ouvrage de M. Doumergue le fac-simile des pages du livre de Levasseur.

Comment expliquer la genèse de cette légende ? Desmay aurait-il raison, et la feuille où aurait dû être relaté le jugement de Calvin serait-elle restée en blanc ? Mais alors à quelle époque de sa vie Calvin aurait-il commis ce crime contre nature ? Enfin, Levasseur, et, dans cette affaire, son autorité est du plus grand poids, combat une pareille affirmation. S'il avait eu en main une preuve quelconque, nous pouvons être sûr qu'il ne l'aurait pas passée sous silence.

D'autres crimes pèsent sur la mémoire de Calvin : rangeons dans le domaine de la légende cette histoire du fer rouge. Les écrivains catholiques, à mon avis, ont été trompés. Je regrette de contredire sur ce point l'abbé Gaffre qui, dans son livre, si bien documenté (*Inquisition et Inquisition*, p. 183), donne comme un fait certain la fleurdelisation de Calvin.

Comment Bolsec fut-il trompé? Comment tant d'autres après lui? Quelques-uns, il est vrai, trouvent dans ce fait qu'il aurait connu, l'explication de l'acharnement avec lequel Berthelier fut poursuivi par Calvin.

Ne serait-ce pas plutôt dans le ressentiment des patriotes envers le Réformateur qu'il faudrait chercher l'origine de cette légende?

Ne serait-ce pas Berthelier qui en serait l'auteur?

C'est mon avis : la vie de Calvin n'était pas au-dessus de tout soupçon ; et Calvin qui, pour perdre les patriotes, les accusait de tous les crimes, traînait les vieillards dans la boue, traitait leurs femmes de prostituées, fut à son tour victime de la calomnie. Alors tout s'explique, même le silence de Calvin et de Genève dont Richelieu fait son plus fort argument.

C'est une opinion personnelle ; au milieu de ces luttes incessantes, de ces épigrammes continuelles, de ces repas nocturnes, un mot est vite lancé qui fait vite fortune ; et quand la haine s'en mêle et quand la haine est impuissante, elle recourt à l'arme des faibles : la calomnie.

CHAPITRE V

SUPPLICE DE MICHEL SERVET

La vie de cet Espagnol vagabond qui va de ville en ville sans pouvoir se fixer en aucun lieu, touche à toutes les branches du savoir humain et un demi-siècle avant le médecin anglais trouve la circulation du sang, n'entre pas dans mon sujet.

Servet est l'image de son siècle. Peut-être est-il arrivé trop tard pour se faire un nom et s'imposer au milieu de tant de savants : que lui importe. Il veut acquérir un peu de gloire, son nom doit passer à la postérité. C'est sa volonté. L'Allemagne a fourni Luther, la France Calvin, l'Italie Socin, l'Espagne aura Servet.

Ses travaux géographiques et scientifiques ne lui suffisent pas. La théologie est la reine des sciences : c'est elle qui couronne : Servet fera de la théologie.

Servet avait déjà connu Calvin. Frellon, libraire de Lyon, les fait rentrer en relation. Leur commerce épistolaire s'aigrit peu à peu. Servet badine et pique ; la haine et la rancune entrent dans le cœur de Calvin qui pense déjà à se défaire de son correspondant.

« Je suis bien décidé à ne pas le laisser sortir de Genève, si jamais il y vient. » Cette lettre de Calvin est datée de Genève aux ides de février 1546.

Le médecin espagnol se fait théologien. *Christianismi restitutio*, tel est le titre de son livre. Tiré à 800 exemplaires, il sortait des presses de Guéroult à Vienne et était signé du nom de Villeneuve.

Servet en fit faire dix ballots. Il en expédia un à Frellon qui devait l'envoyer à Francfort. Celui-ci l'ouvre, en tire quelques exemplaires et les envoie à Calvin.

C'était au commencement de 1553.

Le rôle de Calvin va apparaître dans toute son astuce. Le livre avait paru à Vienne, mais à l'insu de l'autorité diocésaine, qui, sans Calvin, n'en aurait jamais rien su.

Il faut que Servet expie les badinages et les railleries qu'il s'est permis dans ses lettres à l'adresse de Calvin. Ce dernier le dénonce à l'inquisition catholique.

Un nommé Trie, natif de Lyon, s'était réfugié à Genève pour échapper à la justice de son pays. Ce sera l'homme de paille derrière lequel va se cacher Calvin qui va tenir la plume et ourdir toute la trame.

Trie était en correspondance avec son cousin Arneys. Le 26 février 1553, Calvin lui dicte la lettre, et lui remet en même temps le titre et les quatre premières feuilles de l'ouvrage de Servet.

Arneys porte le tout à l'inquisiteur Ory. La justice va vite ; le 16 mars elle opère une perquisition : elle fouille partout, et ne trouve rien de compromettant. Servet, Guéroult, les ouvriers sont interrogés : tout le monde nie. L'ouvrage avait paru sans nom d'auteur, sans nom de ville, sans nom d'imprimeur.

Jamais Mathieu Ory n'aurait pu découvrir l'hérétique ; mais Calvin est admirablement renseigné. Il a en main toutes les pièces du dossier. L'inquisiteur catholique n'aura pas besoin de se donner beaucoup de peine.

Ory fait écrire à Genève par Arneys. La réponse arrive : elle est datée du 26 mars. Arneys avait demandé le livre en entier. Son cousin lui répond :

« Je vous mettrai en main plus pour le convaincre, assavoir deux douzaines de pièces écrites de celui dont il est question, où une partie de ses hérésies est contenue. Si on lui mettait au-devant le livre imprimé, il le pourrait renier, ce qu'il ne pourra faire de son écriture. Je vous confesserai une chose que j'ai eu grand peine à retirer ce que je vous envoie de M. Calvin ; non pas qu'il désire que tels blasphèmes exécrables ne soient réprimés ; mais pour ce qu'il lui semble que son devoir est quant à lui, qui n'a point de glaive de justice, de convaincre plutôt les hérésies par doctrine que de les poursuivre par tels moyens... Il me semble que pour cette heure vous êtes garni d'assez bon gage, et qu'il n'est jà mystère d'avoir plus pour se saisir de sa personne et lui faire son procès ».

Mais non : ces autographes que Calvin a lâchés si

difficilement, ne condamnent pas Servet au tribunal de l'inquisition catholique. Sans doute ces lettres sont de Servet, il ne le nie pas : mais tout cela s'est fait dans le plus grand secret. Il avait des doutes, il voulait les éclaircir et avait demandé à Calvin les secours de ses lumières.

Le livre seul pouvait le condamner ; mais il fallait prouver que Villeneuve et Servet étaient bien le même personnage.

Heureusement que Calvin se met à la disposition du pauvre inquisiteur catholique et lui fait part de sa science. Il répond bientôt par l'intermédiaire de Trie.

Servet, alias Revès, ne forme qu'un personnage avec Villeneuve. Et les preuves arrivent accablantes pour le médecin espagnol. Calvin cite Œcolampade et Mélanchton ; il fait appel aux Eglises réformées d'Allemagne qui l'ont rejeté et chassé. Il est parfaitement instruit sur l'imprimeur du livre : c'est Guéroult. Comment le sait-il ? Peu importe à l'inquisiteur catholique. Bien plus, Calvin apprend à Ory que Servet a fait imprimer le livre à ses frais et qu'il a même retiré la copie de chez l'imprimeur.

Grâce à de tels renseignements, Servet est démasqué et jeté en prison ; mais dans cette prison ecclésiastique où il est enfermé, grâce aux dénonciations de Calvin, il doit être traité « honnêtement et selon sa qualité ». On lui laisse son domestique et trois cents écus,

Pour comble de maladresse, de connivence avec les vibaillif, dont Servet avait soigné la fille, et aussi, dit-on, de l'archevêque, le geôlier laissa fuir Servet. Le malheur le conduit à Genève; le 15 juillet, il y entre et s'y tient caché. C'était au plus fort de la lutte de Calvin contre les patriotes. Pourquoi y séjourna-t-il ? Nous l'ignorons : Michelet dit qu'il espérait voir le triomphe des patriotes.

Les espions de Calvin découvrent sa retraite. Le

13 août, il est arrêté et jeté dans un cachot. Il avait été dénoncé par Nicolas de la Fontaine, celui que Calvin appelle « mon Nicolas ». Conformément à la loi, le dénonciateur se constitua prisonnier. Il accusait Servet « qu'en la personne de M. Calvin, ministre de la parole de Dieu en l'église de Genève, il avait diffamé par livre imprimé la doctrine qui se prêche, prononçant toutes les injures et les blasphèmes qu'il est possible d'inventer.

Nicolas de la Fontaine et Trie n'avaient été que les prête-nom derrière lesquels Calvin s'était caché pour perdre le médecin espagnol. Au bout de trois jours, son Nicolas fut mis en liberté, et la lutte s'engagea entre Servet et Calvin.

Les interrogatoires se succédèrent rapidement. Les juges font un crime à Servet non seulement de son livre : *Christianismi restitutio*, mais ils lui reprochent encore les erreurs de Ptolémée, qu'il n'a pu supprimer sous peine d'infidélité dans sa traduction.

Le 22 août, Servet écrit une première lettre aux seigneurs de Genève.

« Supplie humblement Michel Servetus accusé, mettant en fait que est une nouvelle invention ignorée des apôtres et disciples de l'Eglise ancienne de faire partie criminelle pour la doctrine de l'Ecriture ou pour questions procédentes d'icelle. »

S'appuyant sur l'histoire et la discipline ecclésiastique, il demande que la question soit décidée par les Eglises, conformément au droit ancien.

En second lieu, il les supplie « de considérer que n'a point offensé » en leur terre, « ni ailleurs, n'a point été séditieux ni perturbateur ; car les questions que lui traite sont difficiles et seulement dirigées à gens savants... Donc il conclut que pour avoir, sans séditions aucunes, mis en avant certaines questions des anciens docteurs de l'Eglise que pour cela, ne doit aucunement être détenu en accusation criminelle. »

Troisièmement, étant étranger et ignorant « les coutumes de ce pays ni comme il faut parler et procéder en jugement », il les supplie « humblement lui donner un procureur, lequel parlera pour lui ».

Le Conseil ne tint nul compte de cette lettre. C'est en vain que Servet en appelle au droit ancien, qu'il en appelle à la plus élémentaire justice qui commande de donner un avocat à un accusé. Le 23 août, il paraît de nouveau devant ses juges : il est interrogé sur sa vie, ses œuvres et ses voyages.

Le juge scrute l'intime de la conscience : il fouille partout, avec un cynisme révoltant, jusque dans les recoins les plus cachés, pour trouver et faire avouer quelque débauche ou quelque violation du sixième commandement. C'est au latin qu'il faudrait recourir pour relater de tels interrogatoires.

Le 27 août, Servet paraît pour la dernière fois devant ses juges. Il est ramené en prison. Ils n'osent le condamner encore et préféreraient le faire périr dans les tortures. Pierre Vandel menace de les dénoncer s'ils recourent à ce dernier moyen. Grâce à cette intervention, Servet gît dans la prison ; et, pour rassurer la conscience des conseillers, Calvin compose à la hâte un exposé et une réfutation des erreurs de Servet.

Le 15 septembre, le malheureux adresse une nouvelle requête :

« Je vous supplie très humblement que vous plaise abréger ces grandes délations ou me mettre hors de la criminalité. Vous voyez que Calvin est au bout de son roulle. Ne sachant ce que doit dire et pour son plaisir me veut faire pourrir en la prison. Les poux me mangent tout vif ; mes chausses sont déchirées, et n'ai de quoi changer ni pourpoint ni chemise qu'une méchante. Je vous avais présenté une autre requête, laquelle était selon Dieu, et, pour l'empêcher, Calvin vous a allégué

Justinien. Certes, il est malheureux d'alléguer contre moi ce que lui-même ne croit pas. C'est grand honte à lui, encore plus grande qu'il y a cinq semaines qu'il me tient ici si fort enfermé et n'a jamais allégué contre moi un seul passage.

« Messeigneurs, je vous avais aussi demandé un procureur ou avocat, comme vous aviez permis à ma partie, laquelle n'en avait si affaire que moi qui suis étranger, ignorant les coutumes de ce pays. Toutefois, vous l'avez permis à lui, non pas à moi, et l'avez mis hors de prison d'avant de connaître. Je vous requiers que ma cause soit mise au Conseil des Deux-Cents avec mes requêtes ; et si j'en puis appeler là, j'en rappelle, protestant de tout dépens, dommages et intérêts, et de *pœna talionis*, tant contre le premier accusateur que contre Calvin, son maître, qui a pris la cause à soi. »

Qui refusa une chemise à Servet, mangé par les poux ? Galiffe dit que Genève voulut lui faire donner du linge : Calvin s'y opposa.

Un pasteur, Jacob Vernet demanda communication des pièces du procès. Il voulait prouver que Genève n'avait pas refusé une chemise à Servet : il reçut une réponse d'où nous tirons les passages suivants.

« Le Conseil, se trouvant intéressé à ce que la procédure criminelle contre Servet ne soit pas rendue publique, ne veut pas qu'elle soit communiquée à qui que ce soit ni en tout ni en partie... La conduite de Calvin et du Conseil est telle que l'on veut que tout soit enseveli dans un profond oubli... Vous croyez justifier par nos registres la dureté dont on a usé envers Servet dans sa prison, et vous trouveriez par ces mêmes registres que ces ordres favorables n'ont pas été exécutés... »

A deux reprises, Servet attaque Calvin et montre les irrégularités de la procédure : silence du Conseil.

Le 10 octobre, nouvelle lettre.

« Il y a bien trois semaines que je désire et demande avoir audience, et n'ai jamais pu l'avoir. Je vous supplie, pour l'amour de Jésus-Christ, ne me refuser ce que vous ne refuseriez à un Turc en vous demandant justice. J'ai à vous dire choses d'importance et bien nécessaires. Quant à ce que vous aviez commandé qu'on me fit quelque chose pour me tenir net, n'en a rien été, et suis plus piètre que jamais. Et davantage le froid me tourmente grandement, à cause de ma colique et rompure, laquelle m'engaldre d'autres pauvretés que c'est honte à vous écrire. C'est grande cruauté que je n'ai congé de sortir seulement pour remédier à mes nécessités. Pour l'amour de Dieu, Messeigneurs, donnez-y ordre ou pour pitié ou pour le devoir ».

Le 21 octobre, le Conseil se réunit pour prononcer le jugement. Les patriotes avaient déjà perdu beaucoup de leur influence. Servet, qui les sauvait momentanément, comptait parmi eux sinon des amitiés, du moins beaucoup de sympathies.

Pouvaient-ils espérer sauver le malheureux Espagnol ? Ameaux avait fait amende honorable ; le vieux Favre avait connu la prison, et avait vu déshonorer ses cheveux blancs ; Berthelier n'avait osé communier malgré la permission du Conseil ; Perrin, dégradé, résolut de faire le malade pour ne pas prendrè part à cette délibération. La honte le fit sortir de sa demeure et il se présenta.

Ce fut la seule voix qui s'éleva en faveur de l'accusé : il demanda que la cause fut soumise au Conseil des Deux-Cents. Cette proposition fut rejetée : les juges condamnèrent Servet.

Le 26 octobre, Servet connut la sentence : il pleura. Dussé-je être traité de « polisson » par Calvin, je me sens ému et touché par ces larmes. Calvin n'y voit qu'une stupidité de bête : « Quand il apprit sa condamnation à mort, écrit le Réformateur, tantôt il était hébété, tentôt il poussait de profonds soupirs, et même des hurlements à la façon des Espagnols, et ne cessait de crier : miséricorde ! miséricorde !... »

Le 27 fut le jour de l'exécution. Farel essaya de lui arracher une rétractation et lui demanda de se réconcilier avec Calvin. Servet consentit à le voir.

— Que me veux-tu, lui dit Calvin.

— Que tu me pardonnes, si je t'ai offensé, répondit Servet.

— Dieu m'est témoin, continua le Réformateur, que je n'ai pas gardé le souvenir du mal qu'on a pu me faire. Envers mes ennemis je n'ai jamais employé que la douceur...

Ils ne devaient plus se revoir face à face ; le rôle de Calvin était fini : place au bourreau.

La prison s'ouvre. Pareil à un cadavre, Servet paraît : quelques visages se mouillent de larmes.

Le cortège se dirige vers l'Hôtel de ville : le greffier lit l'arrêt de mort. Servet était condamné à être brûlé vif au Champel comme hérétique.

— Le glaive ! et non le feu ! cria le condamné, ou je pourrais perdre mon âme dans le désespoir !

— Confesse ton crime, lui dit Farel qui l'accompagnera jusqu'au bûcher, et Dieu aura pitié de ton âme.

— Je ne suis pas criminel, je n'ai pas mérité la mort, que Dieu me soit en aide et me pardonne mes péchés.

Et le cortège continue sa route : on arrive au Champel.

— Servet, lui dit Farel, il en est temps encore ; veux-tu faire l'aveu de tes crimes, et te recommander au fils éternel de Dieu.

— A Dieu ! à Dieu !...

— Est-ce tout ?

— Que voulez-vous de moi ? A qui puis-je mieux recommander mon âme qu'à Dieu mon créateur ?

— Il y a ici un notaire, dit Farel : il recueillera tes dernières volontés. As-tu laissé une femme et des enfants ?

— Non.

— Ne veux-tu pas te recommander aux prières des assistants ?

— Oui.

Et Farel s'adressant au peuple...

— Servet vous demande de prier pour son âme.

Servet fut lié au poteau ; sa tête fut couverte de paille et de soufre ; le bourreau approcha des fagots de bois vert. En tremblant il mit le feu au bûcher. La flamme enveloppa l'Espagnol. A ce moment il poussa un râle si affreux que la multitude fut prise de saisissement.

Emus de pitié, quelques assistants se précipitèrent vers le bûcher et aidèrent le bourreau à étouffer Servet sous les fagots enflammés.

On n'entendit plus que quelques faibles murmures : Jésus !... Jésus !... fils éternel... ayez pitié de moi...

Il avait paru devant son juge...

... Et Calvin ferma la fenêtre d'où il était venu voir expirer Servet...

. . . .

Le sang de Michel Servet pèse sur la mémoire de Calvin, et aussi sur la Réforme. Le protestantisme en lui élevant un monument expiatoire a cru par là se réhabiliter.

Iniquité dans le jugement, horreurs dans la prison, atrocité dans la mort, tout concourt à rendre intéressant ce pauvre médecin égaré dans la théologie. Un autre titre le recommande à notre sympathie : Servet était un savant.

Et pourtant, malgré les sympathies que nous ne pouvons lui refuser, sa mort paraît moins intéressante que celle de Gruet et de Berthelier.

Hérétique, il tombe sous le coup de la loi de Genève : il y a ici un fondement à tant de rigueurs. Sans doute l'inquisition catholique ne l'aurait pas traité aussi durement : elle ne lui aurait pas refusé un avocat ni une chemise. On ne s'échappe pas aussi facilement des prisons de l'inquisition protestante que de celles de l'inquisition catholique.

Devant cette mort qu'ils ne peuvent céler, les écrivains protestants allèguent un reste de papisme dans l'âme de Calvin, pour l'excuser. Il était de son temps, et par ce mot ils pensent atténuer sa culpabilité : c'est ce mot qui l'écrase.

Calvin réformateur avait tort d'être de son siècle ; un réformateur, surtout un réformateur de religion, précède son siècle et ne le suit pas. Si Calvin était de son siècle, son œuvre est donc humaine, j'allais dire, mauvaise.

Non, ce n'est pas dans le catholicisme que Calvin a puisé cette haine avec laquelle il a poursuivi Gruet, les patriotes et Servet. C'est au contraire parce qu'il était sorti de l'Eglise qu'il n'a plus eu de frein pour retenir ses passions atrabilaires et que l'esprit de tyrannie qui l'animait a pu se développer librement. Loin de ramener l'homme à la perfection, il a lâché les brides à toutes les passions, et l'homme, en qui reste un peu de christianisme malgré toutes ses dépravations, a été tout étonné de se trouver ravalé si bas...

CHAPITRE VI

CASTALION ET LA PESTE A GENÈVE

La Réforme applaudit à la mort de Servet. Quelques mois après, un savant, caché sous le pseudonyme de

Bellius, faisait paraître un dialogue où il mettait en scène Vatican et Calvin.

Calvin. — Jamais je n'ai poursuivi la vengeance de mes injures personnelles... Autant que je l'ai pu je me suis laissé guider par la douceur...

Vatican. — Vraiment ! Voici la bienveillance de Calvin pour Servet. Au commencement des commentaires sur Saint-Jean, on lit : Servet, ce polisson espagnol, rempli d'orgueil... Et dans le livre des scandales : ces pages (de Servet) sont remplies de la bave de ce chien enragé.

Calvin. — Voyant mes exhortations inutiles, je ne voulus pas être plus sage que la règle, et d'après la recommandation de saint Paul, je quittai l'hérétique.

Vatican. — Voici la règle sainte : avertir secrètement le coupable — appeler ensuite un ou deux témoins — puis le dénoncer à l'Eglise : vous avez fait autrement : des injures, la prison, le bûcher.

Calvin. — Non ! pleurons sur l'Eglise papiste qui ne peut vivre que de violence.

Vatican. — Tu as écrit ces lignes avec les mains dégouttantes du sang de Servet.

L'homme qui écrivit ce dialogue, qui seul des savants de la Réforme prit la défense du savant Servet, et dut se cacher sous le pseudonyme de Bellius, était Castalion, une autre victime de l'inquisition protestante.

Sébastien Chateillion naquit au pays des Dombes. Avec toute l'ardeur et l'audace de son siècle, il parcourut tout le cycle des connaissances humaines. La science humaine lui fut fatale : latin, grec, hébreu n'ont pour lui aucun secret. Ses poésies grecques ont une telle perfection que les savants de l'époque croient qu'elles sont d'un hellène échappé de Constantinople.

Le voilà devenu et sacré grand poète, et, comme beaucoup de ses contemporains, en changeant de religion il change de nom : il s'appellera Castalion.

Et maintenant en voyage : il va en Allemagne. En passant, il s'arrête à Strasbourg et y connaît Calvin. Il est jeune, et a dépassé à peine la vingtaine. Calvin est déjà connu : le jeune poète loge chez lui quelques jours et lui paie en beaux deniers comptant toutes ses dépenses.

Ils se séparent, mais Calvin se souviendra de lui quand les Genevois l'auront rappelé. Il le fera nommer régent du collège.

La gloire poétique ne suffit pas à Castalion. C'est la théologie qui donne la vraie gloire : adieu la poésie. Et Castalion se fait théologien. Il arrive bien tard. Luther et Calvin ont pris toute la place. Le poète est modeste : il nie l'authenticité du Cantique des Cantiques. Cela ne suffit pas peut-être pour se faire un nom. Il y a ajouté l'article du symbole : qui est descendu aux enfers, tel que l'explique Calvin.

Heureux siècle où il suffit de nier pour faire parler de soi : autrefois la gloire venait plus difficilement ; il fallait construire et tous les cerveaux n'en sont pas capables.

Sur ces entrefaites, la peste éclate à Genève. Belle occasion pour les ministres d'édifier en allant soigner les pestiférés. Les ministres préféreraient aller au diable. La personne de Calvin à son tour est bien précieuse : elle importe au bien de la religion. Défense d'exposer ses jours.

Ce fléau terrible qui ravagea Genève à plusieurs reprises devait permettre à Calvin de se dévoiler tel qu'il était. Un homme, je ne dis pas un saint, aurait eu compassion de ses semblables, se serait dévoué et aurait bien mérité de l'humanité.

Calvin trouva un moyen de combattre la peste : mais pour qu'on ne m'accuse pas d'exagérer, mieux vaut citer un auteur protestant (Spon., t. II, liv. III, édit. de 1730, p. 41 et suivantes).

« La peste commença de se faire sentir (1545), ayant été communiquée par des soldats suisses qui allaient en Italie au service du roi de France. Un nommé Lentilles, qui avait été serviteur de l'Hôpitalier du temps de Caddoz, commença à pratiquer ce qu'il avait appris de lui, mettant la peste partout où il pouvait, avec des linges qui avaient touché les charbons des pestiférés. Il avait gagné presque toutes les femmes qui nettoyaient et parfumaient les meubles des pestiférés. Elles avaient mis à la peste le sobriquet de *la Clauda* et elles se réjouissaient quand elle s'augmentait. Lorsqu'elles venaient à se rencontrer, elles se demandaient : Comment se porte *la Clauda*. La réponse était, elle ne vaut rien, elle est toute endormie, ou s'il y avait quelque maison nouvellement attaquée, elles disaient : elle se porte bien, elle fait grand chère en tel lieu.

« Un nommé Bernard Tallent, complice de Lentilles, fut saisi par le baillif de Thonon, à qui il avoua tout. Il envoya à Genève une copie de sa confession. Ils saisirent Lentilles, et l'examinèrent, mais il ne voulut rien avouer, quelque tourment qu'on lui fît souffrir. On l'envoya à Thonon pour être confronté à son complice qui lui soutint le crime. Il ne laissa pas de le nier, malgré la question qu'on lui donna, jusques-là qu'il eut l'épaule cassée, dont étant mis à bas et dans le lit, il mourut quelques heures après sans dire autre chose si ce n'est que si on voulait tout nettoyer on se saisit de tous ceux qui servaient l'hôpital.

« Ce qui fut fait, et la plupart ayant tout avoué furent brûlés tout vifs au nombre de sept hommes et de vingt-quatre femmes. Ils déclarèrent que Lentilles les avait fait obliger par des serments exécrables d'exécuter leurs mauvais desseins d'engraisser les portes et de multiplier la peste, jusqu'à ce que ceux de Genève fussent réduits à telle extrémité, qu'on les put nourrir d'une coupe de blé. On aurait eu de la peine à se persuader qu'un si grand nombre de personnes eussent consenti à une si détestable méchanceté si elles n'avaient fait la même confession sans savoir rien l'une de l'autre. Le chirurgien et deux autres furent tenaillés et écartelés, et, ce qui est de plus étonnant, on en surprit quelques-uns sur le fait, au même temps qu'on menait leurs compagnons au supplice. Après cela, la peste cessa peu à peu vers la Toussaint y étant mort 2.000 personnes. »

En 1567, la peste éclata de nouveau : « On découvrit comme aux précédentes des gens qui s'aidaient à infecter la ville et qui avaient appris ce malheureux métier à l'école de Lentilles. On en tenailla et brûla quelques-uns, entre autres, un nommé le Grimaud et ses complices ; mais nonobstant cela, elle ne laissa pas de durer jusqu'en 1572 ».

Devons-nous croire Galiffe qui nous dit que cette barbarie « fit autant de victimes que le fléau lui-même ».

Or, pendant que la législation de Genève, œuvre de Calvin, traitait ainsi les pestiférés, pendant que lui-même se faisait prier de rester chez lui, et de mettre à l'abri une vie si précieuse, Castalion sollicita l'honneur d'aller soigner les pestiférés.

« M. Calvin a rapporté que Bastian, régent des écoles, est bien savant homme, mais qu'il a quelque opinion dont n'est capable pour le ministère, et, en outre, se lamente de son gage de l'école. » Registres de Genève, 14 janvier 1544.

Bastian fut envoyé à ses écoliers et continua de toucher ses 450 florins. Situation modeste mais qui ne lui suffisait pas : il voulait sortir de l'ombre un peu obscure que projetaient sur lui ses fonctions. Il engagea la lutte avec Calvin, et se fit lui aussi, comme Bolsec, le champion de la liberté humaine.

La lutte fut âpre. Calvin dit que le discours de Castalion respirait du sang. Non, mais il avait flagellé

Calvin et les pasteurs et montré comment ils étaient loin d'être des serviteurs de Dieu comme Paul, le grand apôtre. La matière ne manquait pas pour un long discours : l'affaire de la peste était encore trop présente à toutes les mémoires.

Castalion fut victorieux ; mais il dut quitter Genève. Quelques auteurs protestants se sont acharnés sur lui à l'exemple de Calvin : « C'était l'écume de Genève », dit Daneau.

Il se réfugia à Bâle, où il fut nommé professeur de grec, et gagna péniblement son pain et celui de ses enfants.

Calvin devait l'y poursuivre pour le déshonorer.

La bataille continue : Castalion réfute la théorie de Calvin, défend le libre arbitre. Au lieu de réfuter l'argumentation serrée de son adversaire, Calvin le traite de faquin, de polisson et de chien... et de voleur de bois mort.

Castalion s'attendait sûrement aux trois premières de ces épithètes : il n'avait pas prévu la quatrième. L'épithète de voleur, accolée à son nom, le fit bondir. Pauvre Castalion ! Réduit à la misère, véritable enfant de bohème, chargé d'une femme et de huit enfants, il allait sur les bords du Rhin ramasser le bois mort que le fleuve emportait des montagnes. Ne faut-il pas réchauffer ses enfants pendant l'hiver ?

A cette insulte à sa pauvreté, supportée noblement, le poète sent les larmes lui monter aux yeux ; toujours calme, il répond à Calvin par l'aveu de son crime : il a pris un croc ; il a arrêté le bois que le fleuve emportait : est-ce là un vol ? Ce bois n'est-il pas au premier occupant ?...

Mortuus est ex paupertate. Castalion mourut de misère. Son tombeau ne fut pas respecté, et, le jour de sa profanation, trois gentilshommes polonais, élèves de Castalion, firent porter son corps dans la grande église de Bâle, et y firent graver en épitaphe en vers latins, les larcins que Calvin lui avait reprochés.

... Ex Rheno manibus venientia ligna trahebat
Cum gravis ingentes fuderat imber aquas :
Nec pudor interdum pisces captare sub undis,
Nec pudor et rastris findere pingue solum,
Ut caram uxorem posset sobolemque tenellam
Hinc alere ac sortis damna levare suæ.

Sa mort toucha le cœur de Montaigne : « J'entends avec une grande honte de notre siècle, qu'à notre vue deux très excellents personnages en savoir sont morts en état de n'avoir pas leur saoûl à manger : Lilius Gregorius Giraldus et Sebastianus Castalion en Allemagne ».

Montaigne ajoute que les hommes ne les connaissaient pas ; sinon ils leur auraient fourni un morceau de pain.

Il y avait un homme qui connaissait Castalion, qui avait pu apprécier son talent et ses connaissances ; un homme qui l'avait obligé de quitter sa place de régent de collège, qui lui prodigua ensuite l'insulte et l'outrage et le traita de voleur de bois mort : cet homme, c'est Calvin.

CHAPITRE VII

QUELQUES AUTRES VICTIMES

Servet avait payé de sa mort ses erreurs sur la Trinité. Or, à ce moment-là, à Genève, il y avait une église italienne très florissante, composée de tous les réfugiés de la péninsule qui étaient venus chercher sur les bords du lac Léman une liberté que l'Eglise de Rome leur refusait.

Tous ces Italiens qui avaient pour la plupart fait partie de la société « le collège de Vicence » étaient plus ou moins imbus des doctrines sociniennes : Ochino, Lélius Socin, Alciati, Gentilis, pour ne citer que les plus connus. Quelques-uns, il est vrai, ne firent que s'arrêter à Genève et allèrent ailleurs jusqu'en Pologne répandre leurs erreurs.

Parmi ceux qui séjournèrent à Genève, je ne parlerai que de Gentilis, qui paya de sa tête sa révolte contre l'Eglise.

Calvin s'était aperçu que dans l'église italienne Servet avait beaucoup de sympathies, et qu'une grande diversité de sentiments régnait dans les esprits au sujet de la Trinité.

Par la bouche de Calvin, le ministre de cette église et les anciens prièrent le conseil de leur permettre d'écrire une profession de foi qui serait lue publiquement et signée par tous.

Pendant trois heures, il y eut controverse entre Calvin et les dissidents. Une profession de foi orthodoxe selon Calvin fut dressée : six refusèrent de la signer ; parmi eux était Valentin Gentilis ; mais bientôt, craignant d'être chassés de la ville, ils y souscrivirent.

Peu après, Gentilis recommença à dogmatiser. Est-ce que dans la sainte Ecriture on parle de Trinité, d'essence, d'hypostase ? Calvin n'adore pas une trinité, mais une quaternité.

Ce fut en prison que notre théologien alla méditer sur la quaternité de Calvin.

Les interrogatoires commencent. Valentin est accusé d'être du sentiment d'Arius ou tout au moins de Servet.

Servet ! Ce nom le fait réfléchir un peu, mais il est toujours temps de se rétracter.

Gentilis discute donc avec Calvin et les ministres qui

viennent même dans sa prison pour le convaincre. Il ne se laisse pas ébranler. A la parole, il ajoute les écrits : Calvin y répond par la raillerie et l'insulte, ses armes ordinaires.

Gentilis, traité de baveur, de jaseur, d'homme de rien, un tantinet poète, est étonné sous cette bordée d'injures. Dans sa naïveté, il se plaint au magistrat, implore sa protection, demande un avocat.

Calvin recherchait avant tout une victoire théologique, et, pour la remporter avec plus de facilité, il eut soin de rappeler à plusieurs reprises à son adversaire l'ombre du médecin espagnol.

L'effet fut magique. Servet, c'était la mort sur le bûcher, et Gentilis ne se sentait pas de force à sceller ses opinions de son sang.

Le 3 août, il présente une requête au Conseil : Il avait, disait-il, complètement changé de sentiment. D'ailleurs, avec des juges aussi sages et des personnes aussi éclairées que les ministres, comment n'aurait-il pas reconnu son erreur. Quand même ils dormiraient, et qu'il serait éveillé, il les croirait plutôt que d'écouter son sens propre. Il reconnaissait donc son erreur, acquiesçait de tout cœur à leur doctrine, et leur demandait pardon à tous, à Calvin en particulier, des offenses qu'il avait pu commettre envers eux dans la chaleur de la dispute.

Etait-ce une rétractation sincère ? N'était-ce pas plutôt une pointe d'ironie que Gentilis avait poussée contre Calvin et les ministres? Le magistrat n'y eut aucun égard : après avoir consulté cinq avocats il condamna, le 15 août, Gentilis à avoir la tête tranchée.

Un pareil jugement parut inique même à ceux qui l'avaient prononcé. Sa rétractation était sincère peut-être. Pourquoi aussi répandre tant de sang ? N'y en avait-il pas assez avec celui de Gruet, de Berthelier, de Servet, des patriotes, des semeurs de peste, des sorciers, etc. Enfin, Calvin avait eu la victoire : Gentilis avait reconnu son erreur et lui avait demandé pardon.

Le Conseil décida que Gentilis serait de nouveau entendu. On devine ce que fut cette entrevue. Pour échapper à la mort, Gentilis dit qu'il était revenu de bonne foi, demanda à être cru, et les juges exigèrent de lui une amende honorable.

Le pauvre Valentin consentit à tout : en chemise, pieds nus, un cierge à la main, il s'agenouilla devant ses juges et jeta lui-même au feu ses écrits.

Le 5 septembre il quittait Genève.

Il se retira dans le pays de Gex, et demanda l'hospitalité à Mathieu Grimaldi, seigneur de Farges. Il revint à ses anciennes opinions et écrivit une profession de foi qu'il dédia au bailli de Gex, et dans laquelle il attaquait Calvin. A Lyon, où il se rendit pour la faire imprimer, il fut jeté en prison, et bientôt élargi.

Il va en Pologne rejoindre ses amis Blandrata et Alciat, et en est chassé. Le voici en Moravie ; mais s'ennuyant dans cette province et apprenant la mort de Calvin il retourne en Savoie : son ancien protecteur, Grimaldi, était mort ; il se rend auprès du bailli du pays de Gex.

Gentilis porte alors un défi à tous les ministres du voisinage de se rendre à Gex dans la huitaine pour y défendre les opinions de Calvin. Le vaincu, dans ce duel théologique, sera mis à mort.

Le bailli, compromis par la dédicace que Gentilis lui avait faite de sa confession de foi, le fait arrêter et le livre aux seigneurs de Berne qui instruisent son procès. Pendant un mois sa cause est examinée. Gentilis est condamné à avoir la tête tranchée.

Ses disciples ou amis n'eurent pas un meilleur sort : ils furent bannis de Genève et allèrent partout, traînant une misérable existence, apprendre au monde les douceurs de l'inquisition protestante. Citons-en quelques-uns.

Ochino, un des plus beaux génies du XVIe siècle, et qui eut son heure de célébrité comme prédicateur catholique en Italie, Nicolas Gallo de Sardaigne, Hippolyte de Carignan, Georges Blandrata, Alciat et Sylvestre Tullius, bannis à perpétuité de Genève sous peine de la vie ; joignons-y une Italienne, la femme de Jacob Copa, chassée de la République pour avoir dit que Servet était un martyr et que Gentilis avait été persécuté injustement.

Je terminerai la première partie de cette étude par quelques mots sur un malheureux évêque apostat qui, ne pouvant supporter le joug de l'Eglise, alla à Genève, et mourut sur l'échafaud. J'ai nommé Spifame, évêque de Nevers, voleur, adultère et faussaire, ce qui donne la taille des recrues que faisait la Réforme.

Spifame avait occupé les plus hautes situations dans l'Etat : conseiller au Parlement de Paris, président aux enquêtes, maître des requêtes et conseiller d'Etat, chanoine de Paris, grand vicaire du cardinal de Lorraine, possesseur de plusieurs bénéfices, puis évêque de Nevers en 1547.

En 1559, il quitte la France et se réfugie à Genève avec une femme Catherine de Gasperne. Celle-ci avait épousé un procureur au Châtelet, nommé Etienne Le Greffe, et avait vécu en commerce adultère avec Spifame. Le Greffe mourut en 1539. Spifame eut de Catherine deux enfants : André, né avant la mort de Le Greffe, et Anne, née après la mort du mari.

A Genève, Spifame fut fait pasteur par Calvin et envoyé à Issoudun, d'où il revint bientôt à Genève, après un voyage en Allemagne.

Je ne le suivrai pas à la cour de Jeanne d'Albret où nous le trouvons en 1564, et qui ne tarda pas à lui donner congé.

Ne pouvant rester inactif, désireux d'occuper une haute situation, il se proposa de demander au Roi l'évêché de Toul, pour percevoir les bénéfices et avoir la surveillance des ministres protestants. En février 1566, il en écrivit à l'amiral de Châtillon. Ce plan chimérique lui fut fatal. Les protestants crurent — peut-être avec raison — que Spifame voulait rentrer dans le sein de l'Eglise catholique.

Claude Servin, contrôleur de la maison de la Reine de Navarre, qui, déjà l'année précédente, était venu lui intenter un procès à Genève, revint, et le 11 mars 1566, ils entrèrent tous deux en prison.

Aussitôt Bèze entre en scène ; le procès dévie. Le magistrat apprend que Spifame s'est très mal conduit envers la Reine de Navarre qui n'a jamais vu un homme plus menteur ni plus ambitieux ; qu'il a demandé l'évêché de Toul ; que ses enfants sont adultérins ; que le contrat de mariage est un faux. La reine de Navarre confirme toutes ces accusations dans une lettre au conseil : Spifame se sent perdu.

L'affaire avec Servin est oubliée. L'ancien évêque de Nevers nie avoir rien écrit contre la reine de Navarre : avoue avoir demandé l'évêché de Toul, mais pour y faire les fonctions de pasteur. Des recherches sont faites dans sa maison : le contrat de mariage est trouvé : Confronté avec sa femme, Spifame avoue que c'est un faux, que, daté du 2 août 1539, il n'a été fabriqué que depuis deux ans.

Spifame s'humilie : il demande le pardon de ses fautes, avoue que André est le fils de l'adultère ; que le péché a été commis il y a trente ans ; que des fautes de cette nature ne sont plus recherchées après dix ans ; et qu'il est venu à Genève pour y faire pénitence. C'est la tendresse paternelle qui l'a poussé à faire un contrat de mariage faux ; que son fils est bourgeois de Genève ; qu'il a des enfants, et qu'il n'a pas voulu qu'ils fussent privés de ses biens après sa mort.

Quand il est venu à Genève, en 1559, n'a-t-il pas

produit un acte de mariage? Oui, mais c'était encore un faux.

Double faux ! Le procès de Servin ne s'instruit plus. A quoi bon? Les juges ne demandent pas d'autres preuves : il faut un châtiment exemplaire. Spifame, l'ancien évêque de Nevers, le transfuge de l'Eglise catholique, aura la tête tranchée.

La sentence fut exécutée le 23 mars 1566.

TABLE DES MATIÈRES

FIN DE LA TABLE

Saint-Amand (Cher). — Imprimerie Bussière.

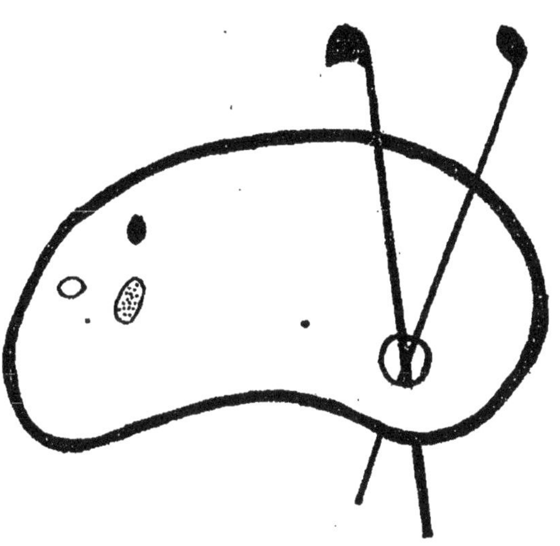

www.ingramcontent.com/pod-product-compliance
Ingram Content Group UK Ltd.
Pitfield, Milton Keynes, MK11 3LW, UK
UKHW021012200726
13857UKWH00004B/1407